AF362831

SAGA CUATRO VIDAS

Yo a ti más

Nesa Lubart

SAGA CUATRO VIDAS

Yo a ti más

NESA LUBART

Título: Yo a ti más. Saga Cuatro Vidas

Copyright © 2022, Nesa Lubart

Esta es una obra de ficción. Los personajes recogidos en ellas son obra de la imaginación del autor. Cualquier parecido con la realidad podría ser mera coincidencia.

Corrección: Anna Bissette

Ilustración de cubierta: Lucía V.Cano

Diseño de cubierta: Rachel's design

Maquetación: Rachel's design

1ª edición: febrero de 2022

ISBN: 978-84-09-37609-4

Impreso en la UE – Printed in the UE

Fuiste mis primeras mariposas en el estómago,

mi primer beso, mi primer amor,

mi primer novio, mi primer sueño.

Fuiste todas y cada una de mis primeras veces

y te has convertido en mi único y verdadero amor.

Capítulo 1

Jerez, septiembre de 1996.

—¿Qué tal el día, Jimena? ¿Has hecho amigos nuevos? —me preguntó mi madre mientras servía el almuerzo.

—Mamá, es el primer día y hay muchos repetidores. Pero ha estado bien —contesté con pocas ganas. Tampoco quería contar a mi madre, de forma explícita, cómo había ido mi primer día.

En segundos, se sumaron mi padre y mi hermano a la mesa. Mi padre, Javier, parco en palabras, dio un beso en la mejilla a mamá y saludó con un «hola» escueto mientras se sentaba a la mesa, pues solo tenía un par de horas de descanso para continuar la jornada. Su vida se resumía en trabajar y descansar. El pobre no tenía *hobbies* ni ninguna afición, que yo recuerde.

Lucas, mi hermano, era el cascabel de la casa. Donde él estaba, siempre había risas. Era un chico de mucho carácter que no se callaba ni debajo del agua. Y esto nos traía algún que otro quebradero de cabeza, sobre todo, a mi madre.

—Hermanita, cuéntame cómo ha ido hoy. Ya sabes que en mi instituto todo es igual. Tú ya estás en el último curso y eres mayor, guapa, inteligente, *sexy*… —continuó Lucas entre risas.

—¡Para! —supliqué, divertida.

A *jartible*[1] no le ganaba nadie. Su insistencia era su mayor cualidad.

—Te lo diré. —Miré a mi madre, que nos contemplaba mientras hablábamos—. Mamá, tienes un hijo muy *pesadito*, ¿lo sabías? —Mi madre siempre se enorgullecía de que nos llevásemos tan bien.

—Ya sabes cómo es. O le contestas con más detalles que a mí, o no te dejará en todo el día —contestó mamá a la vez que nos empezaba a ignorar.

Ya conocía hasta dónde podría llegar Lucas si no le contestaba con todo lujo de detalles.

Dejándome llevar por la euforia de mi hermano, le sonreí y, como si de un tsunami se tratara, comencé a soltarlo todo. Y todo es todo.

—¡Vale, está bien! Verás, he conocido a un chico que es americano, ¿sabes? Se llama Matt. Lleva en España muy poco tiempo, y habla muy gracioso. Hemos charlado un rato, pero poco más. Es alto, moreno, y tiene el pelo rizado. —Paré un instante para intentar buscar las palabras exactas y no alarmar demasiado a mis padres—. Tiene un corte de pelo moderno. —Los miré un momento, y vi que seguían con su cara de

---

[1] Palabra andaluza que se utiliza para definir a una persona pesada.

siempre. No encontré expresiones que delataran que les había llamado la atención.

Le hice un pequeño guiño a Lucas, que entendió al instante.

Mi madre, llamada Chesca —en honor a su abuelo materno—, nos miraba de reojo sin querer participar. Ella se sentía feliz de la buena conexión que teníamos entre ambos.

—¡Bueno, bueno! Mi hermanita está colada por un americano que se llama Matt —comenzó a burlarse Lucas, no más lejos de querer ofenderme—. Ya me dirás cuándo puedo conocer a ese tal Matt —dijo, haciendo énfasis en el nombre.

Lucas, a pesar de tener dos años menos que yo, siempre fue el chico más extrovertido que yo había conocido en mi vida. Era espontáneo, alegre, y le daba igual qué pensasen de él. Eso era una cualidad que yo no había heredado. Era de esos chicos que escuchaban en su cabeza «uno, dos, tres… ¡acción!» y no pensaba en las consecuencias. Pero era todo nobleza, y a los dos minutos de decir lo que le pasaba por su mente, ya se le había olvidado. La peor parte era cómo se lo tomaba la persona que escuchaba todo lo que soltaba por esa boca. En mi caso, lo adoraba y siempre encontraba la manera de bajarlo de la onda expansiva en la que él solito se subía. Es que cuando explotaba, había que ponerse a resguardo o salías trasquilado.

Mi hermano y yo teníamos muy buena relación. Éramos sinceros entre nosotros. Nos entendíamos con una sola mirada, cosa que venía del lado de mamá. Recuerdo que, de pequeña, siempre que íbamos a casa de una tía por parte de papá, nos aleccionaba antes de cómo teníamos que comportarnos. Una de las reglas de oro era que nunca pidiéramos nada si no se nos ofreciese. Yo, como buena chica, cumplía a rajatabla las órdenes de mamá. Pero Lucas era diferente.

Una tarde, mientras subíamos en el ascensor a casa de la tía Nela, nos aleccionó como de costumbre. Cuál fue la sorpresa de mamá, que Lucas, al entrar por la puerta, lo primero que hizo fue ir a la cocina y pedir un plátano a la tía. Ella se lo dio encantada. Y no habría pasado nada si Lucas no hubiera dicho a continuación:

—Gracias, tía. Mamá me tiene prohibido pedir comida. Yo sabía que tú me la darías. —Y, sin más, se dio media vuelta y se sentó en el suelo con los primos delante del televisor, a ver unos dibujos.

—¡Ay que ver la imaginación que tiene este Lucas! ¿Te puedes creer, Nela, que yo voy a decirle eso al niño? —le contestó a la tía, para intentar salir del paso. Tenía la cara descompuesta.

—Sí, siempre ha sido muy fantasioso —respondió la tía Nela a mamá con retintín.

Cuando Lucas nació, me convertí en su hermana mayor. Mi vida siempre giraba alrededor de mi hermanito, ese niño rubio, con ojos verdes y unas pestañas de alucine. Para Lucas, yo lo era todo. Siempre estábamos juntos, nos compenetrábamos a la perfección, nos entendíamos, nos reíamos. Se había convertido en mi confidente.

—No lo vas a conocer, listillo. Es solo un amigo. Hemos quedado el finde para dar una vuelta con el grupo. Ya sabes cómo es Chencha, como para no invitarla —solté entre risas acordándome de mi mejor amiga y la que, por cierto, le caía fenomenal a Lucas.

—No te preocupes, hermanita, hablaré con Chencha y me informará de todo lo acontecido en esa salida nocturna. Ya sabes que soy tu guardaespaldas y tengo que cuidar de ti —terminó Lucas el tema «Matt», guiñándome un ojo.

Mis padres estaban en sus temas. Si notaron algo, no lo dijeron. Solo se quedaron con el nuevo nombre que había mencionado. Pero mi madre no se preocupaba en absoluto, aunque tenía ya diecisiete años. Siempre me solía decir que ya me fijaría en chicos más adelante, cuando terminase la carrera universitaria. Javier, en cambio, en esa conversación estaba ausente, no se enteró prácticamente de nada. Seguro que solo pensaba en dar una cabezadita para luego poder continuar la jornada de noche en el bar, se le notaba.

Más tranquila, ya en mi habitación, me puse a recordar cómo había conocido a Matt. Una sonrisa apareció en mi rostro al acordarme cómo entró en clase cuando ya todos estábamos sentados y escuchábamos al tutor. La incomodidad se reflejó en su cara y se puso rojo al instante. Me pareció que se sentía molesto por ser el centro de atención. La primera persona con la que contactó visualmente fue conmigo. Me encontraba justo en su ángulo de visión. Se puso más nervioso aún y se disculpó rápidamente por llegar tarde. Le sonreí para tranquilizarlo, y él me respondió. Noté cómo un escalofrío me cruzó el cuerpo. Analizó de un vistazo la clase y se sentó en la única mesa que se encontraba vacía.

¡Qué sonrisa de boba se me ponía al recordarlo! Lo reconozco. Me atrajo todo de él. No solo su físico y su ropa ancha, que también, sino que verlo tan diferente a los chicos que yo conocía lo convirtió en una persona muy atractiva para mis ojos.

 Capítulo 2

—¡Venga, suéltalo ya! Dime cómo es. Seguro que es un Dios del Olimpo americano. Espera, no me digas nada aún. Es moreno, pelo rizado, con la tableta marcada y un culo que te mueres, ¿a que sí? Como los *buenorros* de la *Súper Pop*.[2] —Chencha estaba tan ilusionada por mi nuevo amigo, que no cabía en sí de nervios.

—Chencha, ¿qué es eso del Olimpo americano? —la reprendí corrigiéndola de nuevo—. ¡El Olimpo de los dioses griegos! ¿Ya no te acuerdas de las clases del año pasado? —pregunté con resignación. A mí me fascinaba la cultura clásica y la historia, al contrario que a mi amiga, que aún no tenía claro qué quería estudiar.

—¿Qué más da? Jimena, estás obsesionada con toda esa mierda. Que si dioses griegos, romanos, americanos… ¡Son todos iguales! Venga, va, Jimena. Dime algo de Matt, *porfa plis*.

—Vale, pesada —respondí entre risas a sus súplicas.

Chencha tenía esa naturalidad tan peculiar que la hacía siempre estar de buen humor. No podía enfadarme con ella. Además, un poco de razón sí que tenía. Matt era un Dios de lo bueno que estaba, y si encima

---

[2] Primera revista española de música adolecente dedicada a ídolos musicales, cinematográficos y televisivos.

el chico es americano, pues se hacía un buen puchero con todos los avíos, y punto.

—A ver, nos hemos visto una vez y solo somos compañeros de clase, ¿entendido? Que luego te haces tus pajas mentales y empiezas a ver cosas donde no las hay —advertí a Chencha, pues ya sabía yo de sobra que era muy dada a los cuentos de hadas, a los «fueron felices y comieron perdices», a los príncipes azules…

—Lo prometo —me contestó Chencha a la vez que unía su dedo meñique con el mío a modo de promesa. Un gesto que siempre hacíamos desde que éramos pequeñas y en el que nos jurábamos amistad eterna.

—No sé si será como esos chicos de la *Súper Pop*, pero a mí me encanta. Juega al baloncesto y siempre va sin camiseta, y ¡ese pelo! Me tiene loca. ¿Sabes?, lo tiene rapado por abajo, pero como siempre lo lleva suelto, no se nota.

No podía parar de contarle a Chencha cómo era Matt. Estaba tan excitada que las palabras salían solas de mi boca. Cada vez que mi mente lo recordaba, me sentía acalorada. No sabría explicar bien cómo me sentía. Era como si no pudiera pensar. La euforia sacudía mi cuerpo y, al mismo tiempo, estaba tranquila, relajada, en paz. Esos sentimientos nunca habían aflorado antes en mí. Y en ese momento, me tenían confundida.

Zarandeé la cabeza para intentar centrarme y seguir con la explicación, pero me fue imposible. Así que, en la misma euforia que comencé, la descripción de Matt continuó:

—¡Usa ropa ancha! —exclamé entusiasmada. Nunca había conocido a un chico que vistiera así de «americano», nunca mejor dicho.

—Le encanta la música, y no se separa de su Walkman amarillo y sus cascos gigantes, siempre los lleva con él. Aún no sé qué música escucha. —Recordé que no le había preguntado—. Y habla raro, confunde los artículos, dice *el casa*, y me hace una gracia tremenda. —Lo solté todo así, de carrerilla, sin parar.

—¡Vale, vale! —dijo Chencha interrumpiéndome—. ¡Tranquila! Respira hondo. Hablas tan rápido que me causa estrés solo de escucharte. Además, no paras de moverte por la habitación. Me pones nerviosa, Jimena.

—Lo siento, Chencha, es que no sé qué me pasa.

Chencha se reía delante de mí como si viera un payaso. ¿Qué pensaría? Seguro que nada bueno. La conocía y me esperaba lo peor.

—Parece que has conocido a Luke Perry y no a ese tal Matt.

¡Ah, era eso! La muchachita se reía de mi gusto hacia los hombres.

—¿Sabes qué te digo? Que Matt es mucho más guapo que Luke. Ya lo verás —solté de pronto, molesta.

—¡Ay, que se enfada mi Jimenita! —se burló de mí la muy cochina.

—No me enfado, es que siempre pasa lo mismo, Chencha. Cada vez que me ilusiono por algo, vienes tú y te mofas de mí. Nunca le das importancia a nada.

Mientras contestaba a Chencha, me decía a mí misma: «¿En serio te has enfadado por esa tontería?». Lo peor de todo es que yo misma le contestaba a esa vocecita diciéndole: «Pues sí, ¿pasa algo?».

Tenía que sacudirme la cabeza más fuerte y volver a la realidad. ¿Cómo podía hablar conmigo misma?

—Mira que eres boba, Jimena. Yo jamás me burlaría de ti. Y menos porque te guste un chico —me dijo Chencha con voz amigable para relajarme.

Asentí. Tenía razón. Quizá las hormonas adolescentes me jugaban una mala pasada. Y para quitarle hierro al asunto, Chencha se levantó y se puso la mano bajo su barbilla con un gesto pensativo para comenzar a decir muy seriamente:

—Veo que no te gusta ese chico, más bien ¡te encanta! —gritó mientras aplaudía.

Las dos gritábamos y saltábamos de felicidad. Se avecinaban novedades en mi vida.

Desde que Chencha repitió el año anterior, su padre decidió cambiarla de colegio. Entró en un colegio de monjas porque estaba convencido de que allí, su hija se aplicaría y estudiaría para llegar a ser alguien en la vida. No podía llegar a entender cómo su madre los abandonó. Muchas veces la miraba y pensaba qué pudo hacer esa pequeña rubia con ojos azules para que su madre la abandonara. Nada. No hizo nada. Era solo una niña de cinco años, alegre y risueña. En el barrio la conocían todos. Podía recordar cuando mi madre nos bajaba a la Alameda Vieja a jugar y ella estaba allí con su abuela paterna, Inés, que hizo muchas migas con mi madre. A ambas nos bajaban por la tarde a que nos divirtiéramos los tres, porque claro, mi hermano era más pequeño y siempre iba de mi mano y de la de Chencha. Nos sentíamos como sus mamás, o como hermanos. Los tres creamos un gran vínculo de amor fraternal.

Chencha pasó a ser una más en mi familia. Cada vez que podíamos, nos quedábamos a dormir una en casa de la otra. Ella prefería venirse a la mía porque allí estaba Lucas, que se unía encantado a la fiesta de pijamas.

Los años pasaron y los tres niños nos convertimos en adolescentes. Nos encantaba pasar todo el tiempo posible juntos. Sobre todo, sentarnos delante del televisor los domingos por la noche para ver *Sensación de Vivir*. Lucas tardó poco en unirse a nosotras. La serie americana nos encantaba, y hasta imitábamos los *looks* de las protagonistas. En lo que no estábamos de acuerdo era en el gusto por los chicos de la serie. A mí me tenía prendada Dylan (Luke Perry); y Chencha, en cambio, no encontraba ninguno que le hiciera tilín.

—He estado todo el día mirándolo. Seguro que se me nota mucho, ¿verdad? —le pregunté, tapándome la cara con vergüenza.

—¡Qué va! Solo un poquito —me contestó Chencha utilizando sus dedos para hacer un gesto que significara algo minúsculo.

—Entonces, eso es que sí.

—¿Y si se ha dado cuenta Matt? Me muero de vergüenza.

—Vamos a hacer una cosa —dijo de pronto Chencha, pensativa. Poco habitual en ella. Todo hay que decirlo—. Tú sigues como si nada, y si se te nota, ¿qué pasa? Eres una chica guapísima, inteligente y divertida. Seguro que también le gustas a él. Y si no es así, él se lo pierde —concluyó mientras hacía un gesto con el pulgar hacia abajo.

—Tienes razón, Chencha. Tranquilidad. —Empecé a inspirar y espirar. Así conseguía relajarme cuando estaba estresada.

Me abrazó y para distraerme me dijo:

—Hoy es jueves. ¿Por qué no nos ponemos a elegir conjuntitos para el sábado para que dejes con la boca abierta a ese tal Matt?

—¡Buena idea! A ver qué tenemos por aquí que sea chulo. —Empecé a aplaudir divertida con la propuesta de mi amiga.

Sin duda, Chencha me conocía y sabía sacar lo mejor de mí.

Capítulo 3

La cita con los amigos fue genial. La noche del sábado salimos a dar una vuelta por la ciudad. Matt conoció a mis amigos y yo conocí a algunos de los suyos. Como esperaba, a Chencha le cayó genial Matt, pero a mí, en cambio, no me fue tan bien. El amigo de Matt, que se hacía llamar Kenny pero que en realidad se llamaba José, no tuvo mucha conexión conmigo. Me miraba de manera indiferente. Y ¡oye! eso se notaba. No solo yo me di cuenta. Nuestros amigos también notaron algo raro en ese chico. Le costaba sonreírme. Hacía todo lo posible para que Matt no hablara conmigo, incluso nos interrumpió en varias ocasiones para que no continuáramos charlando, y se lo llevó de allí con alguna excusa. Chencha se percató al momento de cómo actuaba ese amiguete de Matt. No le gustó ni un pelo. Se acercó a mí para relajarme e intentar que no me preocupara por ese personaje. Así lo llamó Chencha al minuto uno de haberlo conocido. Me aconsejó que disfrutara del momento con nuestros amigos. Ella estaba segura de que Matt se acercaría. Pero, para mí, desde ese momento, la noche se me hizo un poco agridulce. Ansiaba acercarme a Matt para poder charlar con él, pero allí estaba el tal Kenny que no se separaba de él en ningún momento. Y Matt lo seguía como si tal cosa. Llegué a recibir alguna que otra mirada amenazante del amigo de Matt cuando vio mi intención de acercarme a ellos. En otro momento, hubiera sido un poco más envalentonada, pero es que no me salía. Quería conocer a Matt, y si su amigo se ponía por medio, alguna razón tendría para no hacer nada. O ese chico era tonto, o demasiado inocente. No sabía qué pensar. Observé que se dejaba manipular demasiado por él.

«Mira que es feo», otra vez esa vocecita en mi cabeza. Al final iba a tener que ponerle nombre y todo. Ya que mantenía conversaciones con ella, al menos, saber a quién me refería.

«Sí que es feo, ¿y qué? Parece que Matt prefiere estar con él antes que contigo». Hablaba conmigo misma otra vez.

Decidí volver a casa. Sería lo mejor. Tomé por finalizada la noche. El motivo principal por el que me encontraba allí, no me prestaba mucha atención. ¿Mucha? Más bien ninguna. Empecé a sentirme incómoda y culpable porque yo no era muy de fiestas. De vez en cuando, para un cumpleaños o algo importante, pues sí. Pero pasar frío, de pie, con tacones, sin moverme casi nada, no era lo mío. Aunque tampoco era tan malo eso de salir. Me vino bien quedar y tomar una copa con los amiguetes y enterarme de algún que otro cotilleo. Además, estaba con Chencha.

Como buena sagitario, siempre veo el lado bueno de las cosas e intento tomar el camino de la positividad y el buen rollo. Odio los conflictos. No aguanto una mentira. No me quedaba otra que conformarme esa noche por no compartirla todo lo que me hubiera gustado, con Matt.

Me despedí de Chencha con un beso, y tomé dirección a mi casa. Ella prefirió quedarse un poco más. Nunca se cansaba. Así era mi amiga, una chica aries que siempre estaba dispuesta a divertirse. Envidiaba esa personalidad tan libre.

La noche estaba perfecta para pasear. Como enamorada de la historia, siempre me gustaba recorrer, camino a casa, algunos lugares históricos de mi ciudad. Mientras paseaba, pensé en lo emocionante que tendría que ser vivir en plena Edad Media y disfrutar de los juegos medievales de alcancías y de toros y cañas en este escenario tan pintoresco como la Alameda Cristina. A partir del siglo XVIII, pasó a convertirse en uno de los lugares más nobles de Jerez. Y creo que hasta la actualidad. Siempre he pensado que el centro de mi ciudad se dividía en clases sociales. Y una de ellas, era esta.

Crucé hacia la acera de la Iglesia de Santo Domingo, una edificación majestuosa que unía la iglesia con el convento llamado del mismo nombre. Fue uno de los primeros templos religiosos en construirse fuera del recinto amurallado. En esta iglesia se celebró la primera misa católica de Jerez. Paré un instante y miré hacia arriba. La fachada principal era increíble. ¡Cuánta historia habían vivido estos muros! Me encontraba cautivada por tanta historia, cuando escuché una voz que me llamaba. En principio, pensé que era Chencha, que habría cambiado de opinión, pero para mi sorpresa, era Matt. Corría hacia mí.

Mi cara lo decía todo: sorpresa, incredulidad. No me lo esperaba para nada. En absoluto. La sorpresa fue positiva. Más bien, me encantó.

Sonreía como una boba cuando un Matt acalorado por la carrera que se acababa de meter, con voz acelerada, consiguió decirme:

—¿Por qué te has ido tan pronto? —preguntó sorprendido, con la voz entrecortada.

—¿La verdad? Estoy un poco aburrida y como no me gusta mucho salir de fiesta pues he pensado en irme para casa —contesté intentando sonar indiferente.

—Te he buscado toda la noche, pero no sé qué le pasa a Kenny que hoy no se ha despegado de mí ni un momento.

«¿Qué le pasa a Kenny? Pues yo te lo diré: que es un capullo integral y que está celoso de que tengas relación con otra persona que no sea él», pensé. Por supuesto, no iba a decirle lo que pensaba en ese momento, así que cogí aire y contesté:

—No me he fijado, la verdad.

Al instante, me arrepentí. No me gustaba mentir. Me habría gustado decirle la sensación tan extraña que me había provocado ese chico, pero aún no nos conocíamos y probablemente no sería lo correcto.

—¿Sabes una cosa? A mí tampoco me gusta *el noche* ni beber. Estos chicos pierden la noción…

Empecé a reírme. No sabía por qué, pero me causaba tanta ternura este chico que cuando hablaba siempre decía algo que me hacía reír. Él se dio cuenta. Me miró con picardía y me dijo:

—Ya veo. He dicho algo mal. —Se unió a mi risa.

—Se dice la noche. —No pude continuar, y empecé de nuevo a reír. Esas conjugaciones que hacía eran de lo más divertidas.

Matt me miró con ojos de deseo y soltó de golpe:

—Me encanta tu sonrisa. Es tan dulce que haces que me estremezca al oírte.

Esta vez no se equivocó en ninguna conjugación. Si cuando quiere, habla estupendamente.

Lo miré y abrí la boca, extrañada. Al ver mi reacción, comenzó a reírse a carcajadas. Los dos reímos de una manera tan loca y nerviosa que las miradas de los transeúntes que pasaban por allí, se volvieron para observarnos. Me quedé en *shock*. No sabía qué decir. Comencé a acariciarme las manos de manera nerviosa por lo que acababa de pasar. ¿Qué había sido eso? Estaba confusa. Por el contrario, a Matt se le veía tranquilo. No sé qué pensaría, pero respiraba con paz y tranquilidad, con una entereza desconocida para mí.

Se peinó hacia atrás mientras esperaba a que yo dijera algo. Esa entereza decaía. O eso me pareció a mí. Se hizo el interesante y me preguntó:

—¿Qué hacías aquí parada mirando el cielo?

—En realidad, no miraba al cielo. —Le sonreí para que se relajara. Ahora estábamos en mi terreno. Hablando de historia me sentía como pez en el agua—. Estaba mirando la fachada imponente de la iglesia. Siempre me ha sorprendido todo lo que los muros antiguos han vivido. Si hablaran, la historia sería diferente, ¿no crees?

—Nunca lo había pensado, pero tienes toda la razón. ¿De qué siglo es?

—Del siglo XII. Es una iglesia de estilo gótico.

—*Wow*. —Se sorprendió—. Sí que sabes de historia.

—Me gusta estudiar el pasado. No podemos olvidar que, gracias a él, hemos llegado hasta aquí.

Matt me miraba fijamente. No podría describir su mirada. ¿Lo estaría aburriendo?

—Me muero por darte un beso. —Enseguida, se tapó la boca, avergonzado. Se puso muy nervioso y empezó a disculparse como un disco rayado—: Perdón, perdón. No era mi intención. Lo siento, Jimena. —Su cara se puso roja como un tomate. Miraba para todas partes y para ninguna en concreto.

—No pasa nada, Matt. Tranquilo. —Le toqué el hombro para que viera que no tenía por qué preocuparse de nada—. Yo soy una experta en pensar en voz alta. A veces, hasta me contesto a mí misma. —Me dio un ataque de risa nerviosa—. Lo sé, suena patético.

—Para nada. Suena a esencia. Eres auténtica, y eso es una de las cosas que me gustan de ti.

—¿Qué cosas te gustan de mí? —le pregunté, curiosa.

—Eso lo hablaremos en otro momento. Ahora, si te parece bien, te acompaño a casa y me sigues contando cosas sobre Jerez. Tengo que ponerme al día.

Acepté encantada. A final, la noche había resultado de lo más especial. Miré hacia la iglesia y, entre susurros, le dije:

—Acabas de presenciar otro momento más que guardarás entre tus muros. Deséame suerte.

Capítulo 4

Pasaron los días. Comenzamos a pasar más tiempo juntos. En el instituto, los días se me hacían más amenos. Ambos deseábamos llegar a primera hora para ver si el otro ya estaba allí. Tuve suerte de que un día nos encontramos en el camino hacia el instituto. «Las casualidades de la vida», pensé. Aunque nada sucede por casualidad, todo tiene su plan secreto. ¿Cuál sería mi plan en esa aventura?

Desde ese día, cada mañana a las ocho menos cuarto, nos encontrábamos en el reloj de la Plaza Arenal para caminar juntos hacia las clases.

—¿Qué escuchas? —pregunté una mañana con curiosidad.

Matt, como era habitual, solía vestir ropa ancha. Ese día no era diferente. Me fijé en sus pantalones anchos verdes, y una camiseta aún más ancha de color crema. Me agradaba lo que veía. Pero esa mañana, lo que me atrajo de verdad fue su nuevo peinado. Se había hecho unas trenzas pegadas que dejaban al descubierto su nuca rapada. La cara se le veía diferente. Ante mí, tenía un chico más atractivo aún. Cara cuadrada, frente ancha y pómulos marcados. Ojos negro azabache y pestañas superlargas y rizadas. Analizaba embobada sus facciones, hasta el momento, tapadas por su media melena que siempre llevaba suelta, cuando me contestó:

—Un poco de todo. *Hip hop*, *R&B*, soul.

—No conozco ninguno de esos tipos de música. Yo soy más de pop español. Ya sabes, Alejandro Sanz y eso.

Matt me hizo una mueca. De pop español seguro que no sabía nada. Y de Alejandro Sanz menos aún.

—Toma, ponte mis cascos y dime si te gusta.

Los acepté encantada. Vi que estos se unían a su inseparable Walkman amarillo. Le dio al *play* y empezó a sonar un hombre que hablaba en inglés, pero no cantaba. Me quedé un poco en blanco y me encogí de hombros.

—Espera, ya verás —dijo Matt al verme la cara de asombro.

Asentí y decidí esperar para darle una oportunidad a lo que escuchaba. Al principio, no me gustó. Me sorprendió la voz del cantante. Su música en general. No sabía lo que estaba escuchando, pero a medida que la canción iba a más, me agradaba. Encontré un ritmo desconocido para mí. Un género diferente a lo que estaba acostumbrada.

—¿Te gusta? —me preguntó Matt, ansioso.

—Sí, es diferente a lo que estoy acostumbrada, pero tiene su rollito.

Matt, contento con mi respuesta, siguió con su explicación.

—Has escuchado a Shyheim. Tiene solo dieciséis años, pero empezó a los catorce en el mundo de la música. Es un artista talentoso y precoz que ha sabido hacerse un hueco en el mundo del *hip hop*. Verlo rapear es impresionante y casi apabullante. Se dice que está preparando un nuevo disco para el próximo año —dijo fascinado.

—Guau, parece que te gusta mucho esta música.

—La verdad es que sí. Siempre me ha gustado, y aquí en Jerez, tengo un pequeño grupo junto con Kenny, en el que rapeamos en español. Un día me vas a acompañar a un ensayo. —Se le oía decidido.

—Me encantaría —respondí entusiasmada. Al escuchar el nombre de Kenny, me molesté un poco e intenté cambiar de tema—. ¿Cómo se llama la canción?

—*Move it over here* —me contó, orgulloso.

—¿Por qué habla al principio y no canta?

Matt sonrió y, con mucho gusto, me explicó:

—Eso se llama *Intro*. Suele ser una reflexión sobre la canción, el personaje, el álbum. Depende del cantante en sí. Pero es habitual escuchar siempre uno al principio del disco, incluso al principio de varias canciones del disco.

En ese momento, me di cuenta de que cada día me sentía más atraída por este chico. Su forma de pensar, de sentir, de abrir la mente para conocer cosas nuevas, no dejaban de atraerme. No era consciente del tsunami que estaba a punto de arrollarme. Es que Matt se había convertido en mi nueva obsesión.

Sin darnos cuenta, llegamos al instituto entre risas y charlas de lo más cómodas. Ambos nos sentíamos a gusto el uno junto al otro, y podíamos hablar de todo con comodidad sin prejuicios.

Se estaba sembrando la semilla de la complicidad a pasos agigantados y, encantados, nos dejábamos llevar.

—La próxima vez te pondré yo una de Alejandro Sanz, a lo mejor te gusta. —Le guiñé un ojo y me senté en mi mesa.

Capítulo 5

Llegó diciembre. Ese primer día del mes, cumplía dieciocho años. Me sentía feliz. La vida me sonreía. En lo académico, me iba todo perfecto, como era habitual, aunque yo nunca estaba del todo conforme. Nunca estaba contenta con lo que hacía. Siempre me exigía más o me culpaba por los fallos cometidos. Pero venía de serie en el *pack* Jimena. ¡Qué le iba a hacer!

En casa iba todo sobre ruedas. Mamá y papá estaban bien, y Lucas, como siempre, en su línea. Él sí que sabía vivir. No se preocupaba por nada. Lo que más me gustaba de ese chico extrovertido era que valoraba todo lo que hacía de forma positiva. Nunca se encontraba ningún fallo. Y la autocrítica no existía para él. Era mejor no recordárselo, porque fallos, lo que se dice fallos, no se encontraría ninguno. El abuelo Juan rebosaba una salud de hierro. Además, conocí a Matt. ¿Qué más podía pedirle a la vida?

La mañana de mi cumpleaños, caminábamos hacia el instituto entre risas y confesiones. No me atreví a revelarle que era mi cumpleaños. Me daba mucha vergüenza. En cambio, opté por un tema de conversación de lo más ameno: cómo era vivir en una ciudad como Jerez y otra como New York. Ambas ciudades, tan diferentes, pero tan especiales. Jerez no dejaba de ser una ciudad por el número de sus habitantes, pero un pueblo al fin y al cabo por su forma de pensar. Todavía teníamos mucho que procesar para entender las nuevas corrientes extranjeras. Comentábamos las diferencias culturales cuando me fijé que un viandante se paraba y fijaba su vista en nosotros mientras negaba con la cabeza a modo de desaprobación.

—¿Lo ves? Nos miran como bichos raros y no lo soporto. Te lo juro —le dije sofocada. —«¿Qué tiene de raro Matt?», me pregunté para mí una y otra vez. Me alteraba a la velocidad de la luz—. ¡Me molesta la poca empatía de la gente! —Matt me miró despreocupado. Para él no era ningún problema.

No entendía por qué podía llegar a ser una persona mejor que otra solo por la vestimenta. Me fastidiaba horrores.

Matt era diferente a los chicos de mi ciudad: era moderno, atrevido, vestía de una forma que nunca se había visto antes por aquí y, además, era extranjero. Sonreía como una boba al pensar en ese acento americano que tenía cuando hablaba español.

Volviendo al tema principal… No se debería juzgar a las personas por su apariencia. Son algo más que eso. Son personas, ¡joder!

—Tranquila, Jimena. Estoy acostumbrado a esas miradas. La gente tiene un estereotipo en su cabeza que es difícil de sacar, yo no voy con ese cliché tan convencional. Entiendo que aquí todo es diferente, pero a mí no me importa. Relájate, respira y sigue contándome. Estaba interesante lo que decías.

—Vale. Respiro, tomo aire y seguimos donde lo dejamos. ¡*Ojú* [3]con la gente! No lo soporto. Pero tienes razón.

—Además, es un bonito día para perderlo enfadándose, ¿no te parece?

Me quedé helada. Paré en medio de la calle y lo miré fijamente. ¿A qué se referiría con eso? Tenía mucha curiosidad. Lo reconozco, era una cotilla, pero no podía quedarme con la intriga o iba a empezar a hiperventilar. Así que, por mi salud, tenía que preguntarle.

—¿Por qué dices que es un bonito día? Ha sonado un poco cursi hasta para ti —solté de golpe con una sonrisilla socarrona en mis labios.

—Es lunes, uno de diciembre, está soleado y no hace nada de frío. Además de estar en muy buena compañía. ¿Qué más puedo pedir? —Matt me miró y sonrió con ternura.

Acepté su explicación con agrado y comenzamos de nuevo a caminar hacia el instituto. Se había hecho tarde y no quería que nos prohibieran la entrada por no ser puntuales. Mariló era terrorífica. Siempre amenazaba y desafiaba a Matt porque su inglés no era lo suficiente británico. Y desde que nos vio juntos en el patio, me había convertido en una de las alumnas del grupo de los indeseados. Sí, así era la profe de inglés. No miraba tu capacidad académica, más bien, se fiaba de su instinto para leer a través de las personas y diferenciarnos por grupos, o eso es lo que ella decía.

---

[3] exclamación de asombro.

Tocaba una carrera, que nos quedaban unos metros y la clase estaba a punto de comenzar.

Al llegar del recreo, charlaba animadamente con las chicas cuando me encontré una nota y una pequeña caja en mi mesa. Estaba envuelta de forma muy delicada y ponía con letra un poco ilegible «Para Jimena».

Empecé a mirar hacia todos lados, pero todos estaban en sus cosas y nadie se fijó en el detalle que tenía delante de mí. ¿Quién sería? Nadie sabía que era mi cumpleaños. No había dicho nada. Miré de nuevo la cajita y me quedé perpleja. Nunca me habían hecho un regalo sorpresa. Y menos, de esta manera tan discreta. Pero, oye, el morbo del suspense me gustó. Miré de nuevo, con disimulo, por toda la clase. Mi mirada se topó con la suya. Como siempre, Matt estaba en su rincón de la clase con los cascos puestos. Hacía un gran esfuerzo por no mirarme, pero sus ojos lo traicionaron y se clavaron en mí en contra de su voluntad. En ese instante supe que el regalo era suyo. ¿Cómo supo lo de mi cumpleaños? Me tenía intrigada. Pero más intrigada estaba aún por la cajita que tenía entre mis manos.

Nerviosa, como una niña en el Día de Reyes, abrí el paquete. Llevaba una tarjeta escrita a mano que ponía: «Aprendiendo juntos a disfrutar del música». Abajo, en letras pequeñas y muy difíciles de descifrar creí leer un «Espero que te guste, M». Con manos temblorosas, terminé de desenvolver el paquete y me encontré con un *cassette* que tenía como título *Mix J&M*. Con letra clara y bien trabajada tenía escrito por la parte trasera una lista de artistas con sus canciones. Se notaba que estaba escrito con delicadeza y esmero. En ella, aparecían cantantes como

Boyz II Men, Brandy, Mónica, Dru Hill, y algunos más. De todos ellos, el que recordaba haber escuchado y que me gustó mucho fue Boyz II Men. Pero el inglés no era mi fuerte y me costaba horrores escuchar y traducir la letra al mismo tiempo. En ese proceso de traducción, perdía la esencia de la canción.

Absorta en mis pensamientos, no me di cuenta que tenía una persona detrás de mí, observándome. Una mano me agarró por la cintura. Mi cuerpo empezó a temblar de puros nervios. Sin mirar quién era, lo intuí. Ese olor a vainilla firmaba con el nombre de Matt.

Miré hacia su mesa y vi la silla vacía. La comisura de mis labios se ensanchó para dar lugar a una gran sonrisa. Ese chico era una sorpresa. Por nada en el mundo hubiera imaginado que me sorprendería de esa manera. Matt cogió el *cassette* bajo mi atenta mirada. Lo metió en su Walkman y me puso los auriculares con sumo cuidado. Le dio a *play* y comenzó a sonar una melodía que me encantaba y, para mi sorpresa, el grupo empezó a cantar en español. ¿Cómo? No podía creerlo. La letra me emocionó tanto que me estremecí. La canción *Al final del camino* comenzó a sonar en mis oídos. Escuchaba tan atenta la letra que no me di cuenta de que Matt me había cogido las manos y me las acariciaba con las yemas de sus dedos. Esta canción me hipnotizó.

—Siempre serás mi primera vez —me susurró Matt tras levantarme el auricular derecho.

Me paralicé. Los ojos se me abrieron como platos. Me quedé bloqueada de nuevo. ¿Realmente había escuchado eso o eran imaginaciones mías?

Notaba su respiración en mi cuello y el vello se me erizó provocándome un escalofrío que me recorrió el cuerpo. Ese instante se quedó grabado para siempre en mi corazón.

—¡Feliz cumpleaños, princesa! —Con esas palabras, Matt volvió a su asiento dejándome en una nube.

Esa tarde, Chencha se presentó en casa. Sin dudarlo un segundo, se puso manos a la obra para preparar mi fiesta de cumpleaños. Mientras colgaba unos globos en la sala de estar, la cogí de la mano y tiré de ella en dirección a mi habitación.

Como si el botón de rebobinado del VHS me hubiera tragado, empecé a contarle a Chencha, de carrerilla, lo que me había ocurrido esa misma mañana. Intenté disimular, sin éxito, la excitación que tenía desde mi encuentro con Matt.

—Y entonces, me susurró al oído. Chencha no te lo puedo explicar. Fue, fue, fue…

—¡Dilo ya! Que me va a dar algo.

—Alucinante, increíble, mágico. No sé, podría comenzar a decir sinónimos como si me hubiera tragado un diccionario —dije riendo como una boba sin saber por qué.

—Me alegro mucho por ti, Jimena. Ven aquí. —Me abrazó tan fuerte que necesitarían agua caliente para despegarnos.

Chencha se vino tan arriba sintiendo mi misma emoción, que empezó a darme besos y hacerme cosquillas mientras daba saltos. Las dos terminamos en el suelo, a carcajadas.

—Un momento. Fuiste tú. Tú le dijiste que era mi cumpleaños, ¿verdad? Porque será un Dios americano y todo lo que tú quieras, pero adivino no es —afirmé pensativa.

No podría ser otra persona. Conozco a Chencha y le gustan todos estos líos. Más bien, me aseguraría a decir que disfruta con ellos.

—¿Por qué no? Sería el lote completo.

Ambas nos miramos entre risas descontroladas. No podíamos parar. Sufríamos una histeria colectiva por aguantar la emoción de los últimos meses vividos. Con las manos unidas, empezamos a dar vueltas por la habitación y a gritar de alegría.

—Oye, ¿qué pasa aquí? Dejad de gritar como locas y vamos a soplar las velas —ordenó mi madre al ver que la hora se nos echaba encima—. Sois incorregibles. Siempre armáis jaleo por tonterías.

—Es la hora de abrir los regalos, y el mío será el primero. —Lucas se plantó delante mía dándome una cajita envuelta en papel dorado.

—¿Para mí? —pregunté emocionada. No me esperaba que mi hermano hubiera ahorrado para hacerme un regalo. Estaba acostumbrada a sus bromas de que el mejor regalo era su cariño y amor hacia mí y blablablá. Vamos, lo habitual.

—¿Para quién si no, Jimena? A veces pareces un poco cortita, hermanita —se mofaba mi hermano.

—Lo siento, no me lo esperaba.

—No pidas perdón. Que sepas que ahí van todos mis ahorros. Pero no te acostumbres, que el verdadero regalo es el amor y mi cariño incondicional. Eso sí que no tiene precio.

Todos en la sala comenzamos a reír. Ese sí era mi Lucas. Tan considerado como siempre. En su línea bromista y extrovertida.

Abrí el regalo con sumo cuidado. Al abrirlo, unas lágrimas me cayeron por la mejilla. Me podría esperar de todo, incluso un dibujo con un mensaje de «Te lo has creído». ¡Pero no! Era un regalo que no esperaba y que ansiaba con todo mi corazón. ¡Mi hermano me había regalado un Walkman! No era el de Matt, pero serviría para escuchar el *cassette* que esa misma mañana me había regalado.

—Eres un amor, hermanito. ¿Cómo lo sabías? — Me abracé a él y, entre besos, le di las gracias mil veces.

—Uno, que tiene sus contactos. —Me guiñó un ojo y se volvió hacia mamá para decir—: Pero ¿qué pasa? ¿Aquí no comemos tarta, *mamuchi*?

Me encontraba en una nube. En esa nube como la de los dibujos que veía mi hermano de *Bola de Dragón*. Ahora, me identificaba con el protagonista, Goku, volando en su nube. Mi cuerpo *curvy*[4] estaba presente, pero mi mente divagaba por otros lugares. Más bien, divagaba en busca de una persona en concreto.

Nunca olvidaré mi dieciocho cumpleaños.

---

[4] mujer con curvas.

Los días pasaban y Matt se comportaba conmigo como un amigo más. A veces, juguetón, me quitaba la coleta, se quedaba con mi gomilla, y solía decirme *sorry* encogiéndose de hombros. Empezamos a quedar menos tiempo fuera de clase. Él pasaba los recreos jugando al baloncesto y yo, con las compañeras de clase. Charlábamos y nos reíamos, pero no podía dejar de mirarlo y pensar si había hecho algo para que él se distanciara tanto de mí y no quisiera ni acompañarme en el camino de todos los días de vuelta a casa. Al principio, todo eran excusas: que si estaba ocupado, que si se quedó dormido, un sinfín de *ques*[5]. Con el tiempo, nuestra relación de amistad se enfrió y, simplemente, sonreíamos al encontrarnos.

El grupo de clase quedó un domingo para ir al campo. El plan consistía en coger el autobús de las once de la mañana con destino Estella y pasar el día campestre todos juntos. Al principio, dudé, pero cuando Matt se apuntó, decidí sumarme a la aventura rural que se había programado.

Quedamos en la estación de autobuses. Como de costumbre y sin poder evitarlo, llegué puntual. Para mi sorpresa, allí estaba Matt, con su

---

[5] excusas

pelo negro trenzado hacia atrás, su cara ancha con una pequeña cicatriz en forma de J en la frente y una pequeña barba de un par de días. Sus botas Panama Jack amarillas, pantalones anchos y una sudadera a juego un par de tallas más grande, acompañado por su inseparable mochila color verde y adornos de cuero de East Park. Yo, en cambio, iba más sencilla: unos vaqueros ajustados, botas Cleta que utilizaba desde que me apunté a los Scouts de Fátima. Eran tan cómodas que me rajaba con la tijera los bajos del pantalón vaquero para que me cubrieran las botas. En contra de mi madre, por supuesto. A la pobre, le costó entender que era la moda. Ella solo veía que su hija rompía unos vaqueros nuevos con una tijera, por capricho. Esa mañana, me puse una sudadera azul marino que le había cogido prestada a mi hermano sin que se diera cuenta. Ese look lo completé con un pañuelo de redecilla azul que llevaba de manera casual en el cuello. Y, como no, con mi característico peinado que me recogía el cabello en una coleta alta.

Ambos nos miramos con una sonrisa. Estábamos nerviosos. Aún no había llegado nadie del grupo. ¿Dónde se habrían metido? Quedamos a las once, y ya eran las once y diez y no había aparecido ninguno de ellos. Quizá no había sido buena idea la excursión campestre con Matt y los otros.

Cuando estuve a punto de despedirme de Matt de manera indiferente, aparecieron todos. Todos. Todos juntos. Parpadeé alucinando. Había sido una encerrona, pero no habían conseguido su propósito. Entre Matt y yo no había nada, ni lo habrá. Lo tenía claro, o eso quería creerme. Me hacía la dura. «Al menos, intenta que te dure un rato», ahí estaba esa vocecita que siempre me acompañaba. En realidad, no estaba enfadada con Matt. Sinceramente, no sabía lo que ocurrió para que se distanciara de mí. Estaba dolida por su distanciamiento sin ninguna explicación, y no podía actuar como si no pasara nada.

Al llegar a la pedanía de Estella, nos bajamos en la parada. En el autobús, hablamos de poner un bote entre todos y comprar unas chuches para compartir. Matt se ofreció voluntario para entrar a comprar. Todos accedimos. Mejor que entrase uno y no los ocho de golpe. El tendero se quedaría un poco perplejo al ver entrar a un grupo de chavales tan grande para gastar unas pesetas en chuches.

Para nuestra sorpresa, lo vimos salir con un cartucho de papel estraza con chorizos para asar. Todos nos quedamos perplejos. ¿Por qué había gastado el dinero del grupo sin preguntar? Nadie lo entendía. Algunos se echaron a reír, sobre todo los chicos, ya conocían a Matt y sabían que siempre iba a su bola. Otros, se quedaron asombrados, pero al final accedieron a la elección del americano. Yo me enfadé. Me enfadé mucho. No entendía por qué se había tomado esa libertad de comprar chorizos sin preguntar a nadie. Sentía una impotencia que no podía controlar. Matt me desestabilizada. Hacía lo que le apetecía en el momento que le apetecía sin contar con los sentimientos de los demás.

«¿En serio has sido tan tonta de confiar en un desconocido? ¿Vas a permitir que se salga con la suya?». Mi yo interno (al que aún no le había puesto nombre) me bombardeó a preguntas. Tantas, que provocaron una discusión entre Matt y yo.

—¿Por qué has hecho eso? ¡El dinero era para chuches! —grité alterada.

—¿Qué he hecho tan grave según tú? —me preguntó Matt, directo.

—¿Te parece poco gastarte el dinero de todos en chorizos sin nuestro permiso?

Matt se dirigió hacia los demás y dijo en tono graciosillo:

—¿Os gusta el chorizo?

Todos contestaron con un sí grupal.

—¿Qué tiene que ver eso para lo que has hecho?

—Tiene que ver que, a todas, incluida tú —dijo Matt haciendo énfasis en el tú—, os gusta el chorizo. Así que nos lo comeremos gustosamente.

Los chicos lo vitorearon entusiasmados.

—Vale, tú ganas —dije, dándome por vencida. Era imposible razonar a este chico.

Los dos estábamos en terreno movedizo. Nunca antes habíamos discutido. Podríamos salir escardados. Todos los demás nos miraban entretenidos. Solo les faltaba un paquete de palomitas para ver el circo que habíamos montado los dos como si fuéramos unos monos de feria cuya misión era distraer al público.

La mañana se me hizo eterna. Matt se alejó del grupo un rato y estuvo en plan pensativo. Se hacía el interesante. Yo, por mi parte, intentaba charlar anímicamente con el resto, pero no lo conseguía. Al mirarlo en la distancia me frustraba más. Se había creado un ambiente crispado en el grupo. Nadie sabía de qué lado posicionarse. En parte, me entendían a mí, pero también a Matt. Ninguno quería incomodarnos e hicieron como si nada. Noté que cuchicheaban entre ellos, muy bajito. ¿Qué estaba pasando?

«Si la idea del campo fue de unirnos, no lo han conseguido», pensé.

A la hora de almorzar, Matt hizo una hoguera y puso los chorizos a asar en la barbacoa. El resultado fue brutal. Los chorizos salieron alucinantes. Estaban riquísimos. Todos estaban encantados con la compra de Matt, y así se lo hicieron saber. Yo era un poco reacia a reconocer que había sido una buena idea comprar los dichosos chorizos, pero me tragué mi orgullo y doblegué comentando en voz alta:

—Tengo que reconocer que ha sido una buena idea la compra, Matt. Pero me ha molestado que no hubieras compartido tu idea con los demás.

Matt me miró y sonrió. No necesitaba más.

—Te perdono. Pero solo esta vez. —Me guiñó un ojo dejándome con cara de tonta.

—¿Tú me perdonas? ¿En serio?

—Sí, te perdono.

Ambos, comenzamos a reír a carcajadas sintiendo una conexión eléctrica que nos unía. El grupo se relajó y, por fin, pudimos echar el resto del día ameno y agradable. La borrasca *Jimat* [6] —así la llamé para darle más intensidad— había pasado sin dejar daños colaterales. El día

---

[6] palabra formada por la unión de los nombres Jimena y Matt.

terminó bastante bien. Echamos unas risas, comimos chorizo y hablamos de todo un poco. A la vuelta, Matt y yo nos sentamos juntos en el autobús bajo la sonrisita socarrona de los compañeros. Hablamos de todo y de nada a la vez. Estábamos bien y nos sentíamos cómodos el uno junto al otro.

—¿Ya se te pasó el enfado? ¡Enfadona!

—Yo no estaba enfadada, más bien molesta. Siempre haces lo que te apetece sin contar con los demás, y eso no está bien. Deberías preocuparte un poco más en pensar si tus acciones afectan a otras personas de tu alrededor.

Matt me miraba fijamente. No esperaba que le dijera eso. Sabía que no era su intención molestarme o enfadarme, pero lo hizo de manera inconsciente. A veces, hablar las cosas soluciona muchos problemas. Matt demostraba ser un chico muy impulsivo que me desestabilizada por completo.

Se acercó a mí muy despacio, atrayéndome con la mirada. Me tenía embobada con sus ojos cuando me dio un beso en la mejilla y me susurró al oído:

—Este pañuelo es mío. —Y sin más, me lo quitó y se lo guardó.

—¿En serio? —No solo mi voz interior se sorprendió, yo también lo estaba.

Como dos tontos, nos reímos atrayendo las miradas de los pasajeros del autobús. Y así, entre carantoñas y manitas, llegamos a casa.

Llegó el invierno y, con él, la Navidad. Esa época del año llena de ilusión y alegría que a mí me encantaba vivir. Y ese año me apetecía disfrutarla con Matt. A veces, quedaba con él para pasear por el centro. Visitamos el mercadillo navideño que cada año montaban en la Plaza Arenal.

—En casa es tradición comprar todos los años una figurita nueva para el pesebre, y agregarla al resto de figurantes.

Se lo comentaba a Matt cuando exclamó:

—¡Compremos una! —Me cogió de la mano y, con prisas, nos acercamos a un puesto—. ¿Te gusta ese? —Señaló un ángel vestido de azul con sus grandes alas estiradas. Obvio que nosotros ya teníamos un ángel, pues es una de las figuras esenciales que se necesitan para montar un belén, pero me daba pena quitarle la ilusión. Asentí con cariño a su elección—. Perfecto. Nos llevaremos esta de aquí.

—Me gusta —respondí sonriente.

—Será nuestra primera figurita. Tendremos que escribirle el año debajo del pie para recordar cuándo la compramos.

—¡Sí! ¡Qué buena idea!

—Tienes que enseñarme un belén. No sé cómo es. He comprado esto. —Me señaló la bolsa que llevaba en su mano—. Lo hice movido por la ilusión de la Navidad, pero si te soy sincero, no sabría dónde ponerlo.

—Eso tiene solución. Acompáñame y saldrás de dudas.

Decidí llevarlo a Los Claustros de Santo Domingo. Allí, cada año, ponían una exposición de belenes abierto al público de forma gratuita. Le enseñé los ganadores de ese año, el significado del nacimiento de Jesús, el establo, los animales que les acompañaban, y el ángel. Le hizo bastante gracia la llegada de los Reyes Magos. En su país era habitual Santa Claus. Nunca había oído hablar de otra cosa. El significado de oro, incienso y mirra lo dejó perplejo. Parecía un niño pequeño pendiente a mis palabras para no perderse nada. Al fin y al cabo, estaba aprendiendo otra cultura distinta a la suya.

También, nos pasamos más de una vez por el convento del Espíritu Santo para comprar los dulces típicos navideños: tortas de polvorón, mazapán, alfajores, yemitas y roscos de vino. Todo un festín de azúcar que Matt descubrió esa Navidad.

Una de las tardes, caminando bajo el alumbrado resplandeciente de las luces navideñas que decoraba con tanto encanto el centro de la ciudad, nos topamos en la Plaza del Banco con el concurso navideño de villancicos de los colegios de la ciudad. Recuerdo que yo participé algún que otro año. Al enterarse, Matt me hizo cantarle uno de mis villancicos. Me entró la risa nerviosa y me puse como una tonta a cantarle *Campana sobre campana*. A cambio de mi interpretación de campana y de deleitar mi voz en acústico para él solo, me tenía que cantar un poco de algún villancico americano. No lo conseguí. La vergüenza pudo con él y no se derritió ante mis encantos. Plan fallido.

Una de esas tardes de invierno, Matt se presentó a recogerme con un niño de unos tres años llamado Noah. Al parecer, era el hijo de unos amigos de su madre y necesitaban canguro para esa noche. Me sorprendí, puesto que aquí no era habitual que un adolescente cuidara de un niño tan pequeño y se lo llevara de paseo por una ciudad desconocida. Tendría que actualizarme rápidamente para poder aceptar tantos cambios nuevos.

Matt, encantado, me contó que en New York solía cuidar a niños pequeños para ganarse un dinero y, además, hacía de socorrista en el edificio de su abuela.

—¿Socorrista? ¿En serio? Eres muy joven. Aquí no te dejarían.

—En Estados Unidos es algo común. Incluso con dieciséis años tienes trabajo de fines de semana o temporadas de verano. Allí serías toda una emprendedora. Seguro que se te ocurriría cualquier cosa. —Me dio que pensar—. Incluso lo que creas que no puedes conseguir, allí seguro que lo lograrías. No te olvides que es el país de las oportunidades.

Y, sin más, cogió a Noah en brazos y le susurró algo al oído. El pequeño rubio de ojos azules me miró y sonriente me dijo:

—*Give me a kiss*.

—¿Qué ha dicho Noah, Matt? —pregunté con curiosidad.

—Dame un beso.

—¿Qué? ¿Aquí y ahora? ¡Pero si tienes a Noah en brazos! —exclamé.

De los nervios que me entraron, me puse roja como un tomate. Este chico se había vuelto loco. No se me ocurriría por nada del mundo darle mi primer beso con un niño pequeño en brazos. Matt rompió a reír a carcajadas. Se dio cuenta que lo había malinterpretado. Reía más y más fuerte. Noah se sumó a la risotada sin saber por qué.

—*Give me a kiss* significa dame un beso. Noah quiere que le des un beso.

—¡Claro! ¡Qué vergüenza! Ahora mismo le doy un beso a este muchachito —balbuceé nerviosa.

¡Qué ridículo que había hecho! Me dio tanta vergüenza mirarlo a los ojos…

«Eso te pasa por ser tan inocente. A ver si espabilas un poco, guapa». Ahí estaba otra vez esa vocecilla que me daba su opinión sin pedírsela siquiera. Incluso se me ocurrió un nombre que ponerle. La llamaría a partir de ahí, Doña Porculera.

Distraída con mi conversación mental, no me di cuenta que Noah me cogió la mano y también la de Matt para que lo columpiáramos.

De golpe, desapareció la Porculera que habitaba en mi mente y salía cuando nadie la llamaba.

Se me ocurrió jugar al pilla pilla. Matt, con la explicación que le di, entendió a la primera que se trataba de un juego que ellos conocían como *hide and seek*. Como tres niños, jugamos un buen rato hasta que al pequeño Noah le entró hambre y decidimos ir a comer unos buñuelos con chocolate en la calle Doña Blanca.

—Me encantan los niños —murmuré mientras observaba como Noah mojaba un buñuelo en el chocolate caliente.

—A mí también. Se me dan bien. Conecto con ellos —explicó Matt mientras le revolvía el pelo rubio al pequeño de ojos azules.

—Es un querubín —dije mirando a Noah, y Matt me miró con ojos desconcertados.

—Vale. Con solo mirarte, me he dado cuenta que no has entendido lo que he dicho. Te explico: en la religión católica, un querubín es un ángel de gran belleza que está junto al trono de Dios. También, y más común entre nosotros, se suele utilizar esa palabra cuando queremos decir que un niño es muy guapo. *Beautiful*, ¿me entiendes?

—*Ok*. Entonces Noah es *una* ángel, ¿no?

—¡Eres tan gracioso…! —No podía parar de reír—. Noah se parece, en belleza, a un ángel porque es rubio con ojos azules y aquí, en nuestra cultura, es poco común. Si te fijas, predomina la gente de pelo oscuro o castaño. Pero mi risa se debe a tus expresiones léxicas. Se dice un ángel, no *una* ángel. Además, los ángeles no tienen género, son seres espirituales. —Matt estaba embobado mientras me escuchaba. Lo tenía ensimismado con mis palabras—. Vale, me callo. Te estoy aburriendo. Es que me pongo a hablar y no me doy ni cuenta.

—No, por favor. Todo lo contrario. Contigo aprendo mucho. Me encanta escuchar tu voz. Eres tan diferente a otras chicas de tu edad, que eso te hace más atractiva aún.

Lo volvió a conseguir. Me sonrojé al escuchar sus palabras y me quedé muda de los nervios. Le respondí con una sonrisa, y cambié de tema de inmediato.

—A mi madre le encantaría conocerlo. Lástima que hoy no está en casa y Noah tenga que irse mañana.

—Sí, sus padres han hecho una travesía en barco desde New York para conocer el mundo. Una de sus paradas ha sido Cádiz, para venir a Jerez a visitar a mi madre. Su padre fue compañero de mi madre en la universidad. —Me quedaba inmersa en las historias que Matt me contaba. Me alucinaba escucharlo hablar de su vida y de todo lo que conocía. Era alucinante—. Algún día iremos nosotros a dar la vuelta al mundo. —Y así, en frío, Matt hizo su primera promesa. Recorrer el mundo los dos solos. Le salió de forma espontánea, como si el corazón le empujara a decirlo. Me gustaron sus palabras. Sin darse cuenta me acababa de invitar a entrar en su vida.

—Iremos en furgoneta. Me gusta mucho más la montaña que el mar. El otro día leí un artículo en el *National Geografic* sobre la Ruta 66. ¡Es alucinante! Colecciono las revistas, ¿sabes? Sobre todo, las de viajes. Siempre me ha gustado soñar que algún día conoceré el mundo. Y bueno, pensándolo bien, puedes ser un buen compañero de viaje —admití entusiasmada.

Así, sin saberlo, comenzamos a crear promesas de futuro.

Capítulo 9

—¿Qué tal va todo, perdida? Estás hecha toda una descastada. Apenas quedamos —me reprochó Chencha, con razón.

Desde que dieron las vacaciones de Navidad, no paré ni un día en casa. Estaba entusiasmada contándole a Matt todo sobre nuestras tradiciones, que no había sacado tiempo para quedar con mi mejor amiga.

—Lo siento mucho, amiga. He estado liada con los estudios y enseñándole la ciudad a Matt —contesté pidiendo disculpas.

—No te preocupes. ¿Cómo va todo? ¿Ya se ha declarado? No, déjame que adivine. Te ha dicho lo divina que eres y que está hechizado por tu encanto y blablablá. —Comenzó a reírse de manera burlona.

—Pues no, graciosilla. Solo somos amigos. Me gusta mucho pero no creo que yo le guste de la misma manera a él. Estamos a gusto juntos. Pero a veces me desconcierta. Es como si me diera esperanzas y luego me las arrancara de golpe. No sé. Es el primer chico que me gusta y quizá veo señales donde no las hay.

—Bueno, no te decepciones tan pronto. Mira que eres pesimista a veces, Jimena. ¿Dónde está tu positividad característica? Siempre le sacas el lado bueno a las cosas, y esta vez no puede ser diferente —me dijo Chencha con voz melancólica y una mirada distraída que me puso en alerta.

—¿Te pasa algo? Te noto rara. Estás un poco apagada. ¿Ha ocurrido algo en casa que no me has contado? —pregunté preocupada.

—No, que va. No te preocupes. Ya sabes, las monjas, que no termino de adaptarme al nuevo insti. —Asentí con la cabeza. A regañadientes, acepté no preguntarle más. Conocía a esa chica alocada desde que era pequeña, y sabía que algo ocurría—. Es San Valentín dentro de unos días. ¿Crees que te hará un regalito? —me preguntó Chencha para desviar mi atención sobre lo que le había preguntado. Últimamente no estaba de ánimos para nada. Por eso había evitado pasar tan frecuente por mi casa.

—¡Ay, Chencha! ¡Qué cosas dices! Solo somos amigos. Y San Valentín es para enamorados —repliqué con tono irónico, aunque nada me gustaría más que se decidiera a dar el paso y se acordara de mí ese día. Yo no podría, me moriría de vergüenza si tuviese que declararme. Prefería dejarle a él dar el primer paso.

—Bueno, al menos mi regalito de superamiga lo tendrás. Ya sabes que no fallo ni un año. Aunque este año no te esperes gran cosa, que no tengo mucho ahorrado.

Sin más, se levantó y se fue para la puerta despidiéndose de todos nosotros a gritos. Así es Chencha. Una chica alocada.

—¡Yo tampoco me olvidaré del tuyo! —grité desde mi habitación para que mi amiga se enterara.

¿Qué le pasaría? Seguro que habría discutido en casa y no me lo quería decir. No quería agobiarla. Además, no tenía ganas de escuchar a Doña Porculera. En esos momentos, estaba más tranquila de lo habitual.

Estaba sumida en mis pensamientos cuando sonó el teléfono. Mi madre me gritó para avisarme de que me pusiera. Era mi abuelo materno. El único que tenía. Con los abuelos paternos no tenía mucha relación. Era una familia muy peculiar. Mi madre siempre me contaba que cuando éramos pequeños, nos llevó a mi hermano y a mí a casa de los abuelos para visitarlos. Se esmeró en ponernos nuestras mejores galas. Pero para sorpresa de mi madre, al entrar, no recibió ni un piropo hacia sus niños, más bien todo lo contrario. La hermana pequeña de mi padre estaba allí, y solo sabía —junto a la abuela— sacarnos defectos de la ropa, el pelo, los dientes… En un momento, entre las dos, nos pusieron *vestidos de limpio*[7]. Mi madre aguantó por ser prudente, pero le dolía en el alma el trato que recibían sus hijos de su propia abuela y tía. Así que estuvo callada y sonriente todo lo que pudo. Pero cuando escuchó de boca de su suegra «los hijos de mis hijas mis nietos serán, lo de mis hijos ni sí ni no», mi madre se levantó con toda su dignidad y le contestó con mucha guasa: «mis hijos no necesitan abuelos como vosotros, con su madre y su padre les sobra». Nos cogió de la mano, dimos media vuelta y nos marchamos. Desde entonces, apenas íbamos de visita. Mi padre no tenía mucha relación con ellos, y mi madre se juró a sí misma que no volvería a llevar a los niños de visita sin su marido. Y

---

[7] expresión coloquial que se utiliza para echar una bronca a alguien.

como el trabajo de papá no le permitía tener mucho tiempo libre, pasaron los años y crecimos con un único abuelo: el materno. La abuela murió antes de que yo naciera.

Entre el abuelo Juan y yo siempre hubo muy buena relación. Yo me quedaba ensimismada escuchándolo contar sus batallitas. Él rebosaba orgullo por la buena nieta que tenía. Lo pasaba a visitar a menudo, sacaba buenas notas y era una chica muy educada. Eso le encantaba. Conectábamos muy bien y disfrutábamos de la compañía del otro. Aunque ese orgullo que sentía mi abuelo por mí no me favorecía mucho de cara a mis primos. Y es que mi abuelo, de forma inconsciente, hablaba de mí, destacándome, como si fuera superior al resto de sus nietos. Y eso no caía bien ni a mis primos ni a sus madres, mis tías.

—Hola, abuelo. ¿Cómo estás? El viernes pasaré a verte. Esta semana estoy un poco liada con los estudios —le conté al coger el teléfono.

—Gorda, necesito que me recojas mañana a la hora de comer y me lleves al Casino.

Mi abuelo era socio del Casino Jerezano. Desde que le conté que tenía moto, me llamaba mucho para que lo recogiera y lo dejara allí, así no tenía que subir la cuesta que tanto le costaba al pobre por el dolor de piernas que siempre le acompañaba.

—Abuelo, no te preocupes. Mañana en cuanto salga del instituto bajo a por ti.

—Gracias, cariño. Mañana nos vemos —se despidió mi abuelo Juan colgando el teléfono.

Capítulo 10

—¿Qué vas hacer esta tarde? —me preguntó Matt mientras pasábamos el rato del recreo dentro del aula porque llovía.

Yo estaba sentada en la mesa con las piernas colgando mientras me hacía la interesante entre charlas con todos los compañeros que podía. Lo miré desinteresada para hacer el papelón de mi vida y que no se me notara que deseaba pasar tiempo con él.

—No tengo planes —contesté mientras seguía con el balanceo de piernas.

—Había pensado, si el tiempo nos lo permite, ir a dar un paseo. Quería comentarte algo.

—Claro, pásate luego por casa y me recoges. Así podrás contarme eso que tanto interés tienes en decirme, señor intriga.

—Vale, así lo haré —confirmó Matt, seguro.

Llevaba mucho tiempo intentando quedar, pero su vida era un caos. Su madre siempre estaba ocupada con su vida y no tenía tiempo para él. Su amigo estaba de un pesado que ya era insoportable. No quería que tuviera relación alguna conmigo, y él, cada día que pasaba, se notaba que se sentía más atraído por mí, aunque tampoco podía confirmarlo, solo eran mis sospechas.

Matt pasó a recogerme tal y como acordamos. Paseamos con vergüenza. No queríamos mirarnos a los ojos. Me sentía inquieta y podría asegurar que él también lo estaba. Llevábamos días sin hablar y nos sentíamos como dos extraños. ¿Qué había ocurrido? Esa pregunta no podía quitármela de la cabeza. No tenía ni idea de por qué habíamos llegado a esa situación.

Matt me cogió de la mano y me guio hacia una plaza céntrica que apenas tenía alumbrada una farola. Miraba al suelo. Me miraba. Volvía a mirar al suelo. Volvía a mirarme. Aplastaba una hoja de árbol jugueteando con el pie. Matt estaba absorto en su conflicto mental y yo no entendía nada. Lo miré y lo noté raro, intranquilo. Para darle su espacio, decidí dejarme caer en la pared con una pierna semiflexionada. La cabeza la tenía inclinada hacia abajo, mirando el suelo y sin parar de mover las manos de manera nerviosa. Entonces, Matt se acercó. Me acarició la barbilla y me levantó el rostro. Su mirada era penetrante. Apoyó su mano izquierda en la misma pared y mientras se acercaba muy lentamente, me dijo en un susurro:

—Me gustas mucho. Pienso en ti a todas horas. Y cada vez que te veo se me acelera el corazón. —Esas palabras que acababa de escuchar me agradaron. Sentía su respiración tan cerca que tenía unas ganas locas de besarlo. Tenía que ser cauta y no dejarme llevar por el momento. Pero a la vez, me sentía muy cansada de pensar tanto en todo y en hacer siempre lo correcto—. Nunca me había pasado algo así. Es como si cada segundo de mi vida te necesitara a mi lado para poder respirar. —Matt me hablaba con voz jadeante. Nervioso. Era la primera vez que me abría su corazón.

—Me siento abrumada por todo lo que me estás diciendo. Estoy asustada, me da mucho miedo dejarme llevar y que luego me hagas daño —logré decir con la voz cruzada de emociones.

—Quiero que sepas que, cuando estamos juntos, siento como si el tiempo se detuviera. Nunca había sentido nada de esto por nadie —me confesó.

—Me gustaría que se detuviera el tiempo ahora mismo.

—Déjate llevar —me suplicó Matt.

—Dejarse llevar suena demasiado bien —respondí con una sonrisa.

Matt se acercó muy despacio y me besó como si quisiera grabar en su memoria ese momento para siempre. Yo le respondí al beso. Cerré los ojos y me relajé. Quería disfrutar nuestro primer beso. Sus labios eran suaves, tiernos y calientes. Abrí la boca y Matt, con sumo cuidado, introdujo su lengua para acariciar la mía. Sus movimientos delicados al explorar mi boca hacían que me estremeciera de placer. Me armé de valor y comencé a lamer los labios de Matt despacio, provocando que me cogiera por la cintura y se acercara aún más a mí. Noté, por primera vez, cómo su miembro crecía cada vez más al sentir cómo saboreaba sus labios. Me acariciaba el cabello y me agarraba por la cintura cada vez con más deseo. Me agarré a su cuello y, entre beso y beso, se me escapó una mordida de lo más erótica en su labio inferior que lo hizo gruñir de placer. Las caricias excitantes y palabras ardientes llenas de deseo no se hicieron esperar, acompañadas de miradas directas e intensas.

Ambos disfrutamos. Nos regodeamos. Nos dejamos hacer. Las manos acariciaban todo aquello que la consciencia nos permitía. Estábamos ansiosos el uno del otro.

—Menos mal que no se oye lo que estoy pensando ahora mismo —jadeó Matt.

—Bésame, tonto, y cállate —respondí juguetona. Y me besó con deseo, con pasión, con unas ganas irrefrenables de no parar nunca.

—Jimena, me haces feliz. Me haces sentir en casa. Es un sentimiento difícil de explicar, pero es cada vez más fuerte y quería decírtelo.

—En un beso, sabrás todo lo que he callado. Pablo Neruda. —Siempre pensé en decir esta frase y había llegado el día. Le murmuré al oído mientras agarraba su cara entre mis manos para besarlo con pasión. Matt se dejó hacer.

De la mano, como dos enamorados, paseamos camino a casa. Allí, Matt se despidió con un beso alucinante. Nos separamos sin ganas. Era tarde. Y con una sonrisa de bobo, se alejó calle arriba.

Mi primer beso con él, mi primer gran amor. Una primera vez llena de magia. Me sentía especial. Lo que acababa de vivir era maravilloso. Matt era puro deseo. Y me había entregado a él sin pensarlo. Saltando al vacío. Con él, me sentía como una kamikaze, dispuesta a todo por amor.

Capítulo 11

—Te invito al cine. ¿Qué me dices? —me preguntó Matt, ansioso.

—Perfecto, pero hoy es San Valentín y el cine estará lleno de parejitas enamoradas —dije irónicamente con una mirada divertida.

—De acuerdo, te paso a recoger a las siete. *Bye.*

Y sin más, Matt salió corriendo y se marchó. Me quedé perpleja mirando la puerta de clase. No pude más que encogerme de hombros y resignarme.

No podía dejar de pensar que iba a tener una cita con Matt. ¡Una cita! ¿Una cita oficial? No había pensado en eso. Una cita sí que era. Así que, por el momento, podía conformarme. Me hacía tanta ilusión pensar en que podía pedirme ser su novia que me emocionaba solo pensarlo.

En casa, empezaron a sospechar que algo ocurría. Pero no *saltó la liebre*[8] aún pues el encargado de hacerla saltar no estaba, y eso fue un punto positivo para mí. Ya sabes a quién me refiero: Lucas, el extrovertido de Lucas. Menos mal que estaba de excursión. Y

---

[8] expresión coloquial que se utiliza cuando ocurre un suceso inesperado.

estaría fuera todo el día, si no, me hubiese hecho *un tercer grado*[9] de los suyos.

Yo solo podía pensar en Matt. Aún no me podía creer que ese chico que conocí el primer día de clase se fijara en mí. No quería ocupar mi mente en otras cosas, aunque sí que lo hacía. El razonar tanto las cosas era una cualidad de las mías. Por desgracia. ¿Le gustaría a Matt tanto como para convertirme en su novia? ¿O era un capricho pasajero? No sé por qué me atormentaba con esas preguntas yo sola. Tenía que disfrutar el momento.

«Mira que eres complicada, Jimena». ¡La que faltaba! Ya salió a pasear Doña Porculera. Suspiré.

—Hoy no me apetece. Dejémoslo aquí.

«¿Dejar el qué? Matt te besó y fue alucinante. ¿Por qué eres tan rarita para cuestionarlo todo?»

En ese momento, sonó el timbre de casa. Matt llegó puntual como un reloj británico. Yo estaba lista desde hacía más de una hora. Los nervios me podían. Salvada por la campana. Sacudí mi cabeza y alejé mis pensamientos negativos. Aproveché para despedir a la señora Porculera. Bajé escaleras todo lo rápido que mi vergüenza me permitía.

—¡Estás guapísima! —exclamó Matt, con cara de depredador, al verme bajar.

---

[9] expresión coloquial que se utiliza para someter a alguien a un interrogatorio

—Gracias —contesté sonrosada.

Había funcionado. ¡Bien! Me sentía eufórica. Mi *look* con aire americano lo había sorprendido. Propósito cumplido. Había elegido un *look* diferente. Un conjunto poco habitual en mí. Lo elegí pensando en Matt. Me había estudiado los *looks* de las chicas de *Sensación de vivir* que salían en la revista de moda y me decanté por un *body* color crema, unos vaqueros anchos y unas zapatillas deportivas. Para el pelo, me inspiré en la cantante de *R&B*, Aaliyah. Me puse un pañuelo abierto color café que me cubría la frente, anudado en la parte trasera con el pelo suelto. Mi nuevo *look* fue recibido con gran aceptación por parte de Matt. Eso me tranquilizó y decidí disfrutar de la tarde con la adrenalina por las nubes.

Íbamos al cine a ver *Mentes Peligrosas*, una película de cine adolescente que se estrenaba en el cine Jerezano. La actriz principal era Michelle Pfeiffer, y la banda sonora estaba interpretada por el rapero Coolio y la colaboración de L.V., número uno en las listas y del programa *Música sí* que no me perdía ni un sábado por la mañana. Ahí me empapaba de la actualidad musical del momento. Y en ese momento, más que nunca, tenía que estar al día.

Al llegar al cine, para mi sorpresa, los amigos de Matt nos esperaban. Entre ellos, como no, estaba Kenny. Ambos nos miraron con indiferencia. No había intención por parte de ninguno de entablar conversación y menos, una amistad. No lo soportaba. Y era recíproco. La adrenalina es esfumó.

Matt me presentó a Rubén, un chico muy agradable y con el que enseguida tuve buen *feeling*[10]. Me pareció que tenía muy buena relación Matt.

Llegado el momento de sentarnos en el cine, elegimos dos butacas juntas. Hasta ahí bien. Pero para mi decepción, justo en la fila de atrás, se sentó el grupo de amigos de Matt. Me quise morir. ¿En serio? Había pensado en algo más romántico, pero tampoco podía esperar eso si aún no éramos pareja. Qué larga se iba convertir mi cita. La suerte no estaba muy de mi lado.

La película me resultaba gratamente satisfactoria. El drama que vivían los adolescentes en su día a día me tenía ensimismada. Soñaba despierta cómo sería vivir en New York cuando noté que Matt me pasó su brazo sobre mis hombros. Me gustó su gesto. Y le cogí su mano a modo de aceptación. El aire que respirábamos los dos era nuestro. Solo nuestro. Nos sentíamos a gusto y estábamos disfrutando de la película. Nuestra primera película en el cine juntos. En esa sensación tan agradable nos encontrábamos cuando escuchamos risitas que venían de la parte trasera. Me avergoncé. No quería que me relacionasen con esos chicos. Suelo ser una chica discreta y esos comportamientos en público me abochornan. Algunos de los espectadores que intentaban disfrutar de la película comenzaron a silbar y mandar a callar al grupo escandaloso que tenía a mi espalda. Comencé a moverme inquieta en mi asiento. Cada segundo que pasaba me hacía más pequeñita. Qué mal rato estaba pasando.

---

[10] relación entre dos personas que se caracteriza por ser muy seria.

—Lo siento, ellos son así. —Matt intentó excusarlos.

—No te preocupes, es que me he sobresaltado al escuchar las risas —susurré con voz irónica—. Me gusta tenerte cerca. —Me eché sobre su hombro para intentar ignorar lo que sucedía a mi alrededor.

Intenté disfrutar de la película y de nuestro momento. Matt y yo en el cine. La película transcurrió entre besos y acaricias con una sinfonía burlesca de fondo que no me gustó. A Matt le hizo gracia. No le daba importancia. Más de un espectador no pensaba como él y continuaban siseando para que callaran.

Camino de vuelta a casa, Matt charlaba animadamente. Se le notaba feliz. Yo, en cambio, estaba un poco más seria de lo normal. Me había esperado otro tipo de cita para esa noche. Era la noche de San Valentín y tenía puesta muchas expectativas en ella.

Al llegar a casa, entré en el portal y Matt me siguió. El grupo de chicos se quedó en la plazoleta para darnos un poco de privacidad.

—Me ha gustado mucho ir al cine contigo —comentó Matt, feliz.

—Y a mí también. Aunque ha llegado un momento en que los hubiera estrangulado con mis propias manos. ¿Ese olor a huevo podrido lo ocasionaron ellos? —pregunté, aunque ya sabía de antemano cuál era la respuesta.

—Sí. Es que Kenny tiene unas ideas muy divertidas y ha traído unas bombitas de peste que compró en el kiosco para echar unas risas —comentaba sin parar de reír.

—Sí, sí, las risas han estado aseguradas.

Matt notó un poco de ironía en mis palabras e intuyó que yo no estaba muy contenta con la cita de hoy. ¿Cómo iba a estarlo? Vaya velada romántica que me había regalado el americano.

—Lo siento, tenía pensado hacerlo de otra manera, pero surgió así —dijo Matt, arrepentido.

—No pasa nada. Esperaba que la noche fuese para nosotros dos. ¡Otro día será!

—No, otro día no. De hoy no pasa —replicó tajante.

—De hoy no pasa, ¿el qué? —pregunté sorprendida.

—Me gustas mucho, Jimena, y quiero que seas mi novia —soltó así, de golpe. Sin anestesia.

—¡Estás de broma! —exclamé sorprendida. Este chico era un crack eligiendo momentos.

—No, para nada. Me gustas mucho. Quiero estar contigo, pero quiero que sepas que mis amigos forman parte de mi vida y no voy a dejar de verlos por estar contigo o porque tú me lo pidas.

—¡Eh! Para el carro, americano. ¿De qué vas? ¿Crees que son formas de declararte? A mí tus amigos me dan igual. Quiero estar contigo, no con ellos. Está claro. Pero entiendo que formen parte de tu vida y lo respetaré.

—Lo siento. Estoy muy nervioso. No sé ni qué digo —dijo Matt, compungido.

—Perdonado —solté con una risotada.

—Anda, ven aquí, que quiero darte un beso y te estás haciendo de rogar.

—Encantada —respondí echándome a los brazos de mi chico.

¡Mi chico! Porque yo he aceptado encantada. Aunque pensé por un momento que no me lo pediría, pero al final reaccionó.

Nos besamos con deleite. Nos deseábamos y necesitábamos estar juntos. La noche estaba terminando de lo más romántica. Hasta que, de repente, escuchamos silbidos. Ya sabíamos de dónde venían. Nos despegamos resignados y decidimos que continuaríamos al día siguiente por donde lo habíamos dejado. Y con mucho esfuerzo, se despidió de mí y volvió con sus amigos que lo recibían entre vítores.

Capítulo 12

Los días pasaron y cada vez pasaba más tiempo con Matt. No nos separábamos para nada. Íbamos a clase juntos. Las tardes las dedicábamos a conocernos más aún. Hablábamos de nuestras vidas, de nuestras experiencias, de los viajes de Matt. Pero, sobre todo, hablábamos de nosotros. Nos mirábamos y sonreíamos. A veces, nos avergonzábamos de lo que se deseábamos y, con mucho pudor, aclarábamos algunas dudas.

Habíamos encontrado, sin pretenderlo, una unión enérgica entre nuestras mentes y nuestros cuerpos. Nos necesitábamos el uno al otro, como un pájaro necesita sus alas para volar. Entre besos y caricias, nos mirábamos y sentíamos que habíamos encontrado refugio el uno en el otro.

—Tengo que hacerte un test —dije, mientras sacaba la *Súper Pop* de mi mochila.

Matt me tenía entre sus brazos y me acariciaba el cabello rebelde que se me había soltado de la coleta.

—A ver, ¡sorpréndeme! Temo tus ideas locas. —Levantó las manos en modo de rendición.

—Es sencillo, ya verás. Te gustará. —Emocionada, abrí la revista por la página que tenía señalada.

Matt resopló divertido y aceptó. Le encantaba mi espontaneidad y que estuviese siempre tan alegre y encontrando el lado positivo de las cosas. Mi prudencia era característica de mi carácter. Le gustaba, pero también lo veía como un punto débil que podría traerme problemas en un futuro. Soy una de esas chicas que a las que le importa mucho lo que piensen los demás de mí, por eso elegía siempre lugares desiertos para nuestros encuentros. Me daba mucho apuro que familiares o amigos nos encontraran besándonos. A veces parecía que me avergonzaba de Matt, pero borraba automáticamente ese pensamiento. Yo no era así.

—¿Preparado? —pregunté divertida—. ¡Comenzamos! —Mi risa era pura energía. Alegraba a todo aquel que me tuviera cerca—. Primera pregunta: ¿Cómo sería para ti un día perfecto? Un, dos, tres, responda otra vez.

El americano tenía expresión de «guasa», como dicen en Jerez. Pero estaba guapo con esa cara de desconcierto.

—¿Un, dos, tres responda otra vez? ¿Eso qué es? —preguntó Matt con curiosidad.

—No cambies de tema, guapito. Luego te lo explico —respondí colocándome bien la coleta. Matt llevaba toda la tarde jugando con uno de mis mechones y ya no aguantaba más mi pelo en la cara.

—Mi día perfecto sería junto a ti. Me da igual el lugar que elijas. —Me halagó con una sonrisa sincera.

—¡Oh, me encanta! ¡Me encanta! Pero dime algo más, porfa. Mi día también es contigo, aunque si tengo que elegir un lugar, sería en la sierra. Me chifla el campo más que la playa, ¿sabes? La playa también me mola, pero el campo tiene algo que me relaja, y la playa me estresa. ¿Te lo puedes creer? Mira que soy rarita. —Agregué un nuevo adjetivo calificativo a mi persona.

—Pues a mí no me pareces para nada rarita. Más bien me pareces interesante. A mí también me gusta más el campo que la playa. Ya tenemos una respuesta positiva a tu test de pareja. —Me guiñó un ojo mientras le acariciaba un mechón rebelde.

—Segunda pregunta: ¿Dónde te gustaría perderte? Y no vale contestar de forma evasiva —recalqué.

—En tus ojos —respondió Matt mirándome con deseo. La temperatura de mi cuerpo subía. Matt me notó nerviosa—. ¿No te gusta mi respuesta? —Sabía a dónde quería llegar. Quería besarme, comerme a besos. Su mirada de deseo se posó en mis ojos centelleantes, y consiguió desarmarme. No pude continuar con mi test. Las caricias, los besos, las miradas. Prefería todo eso a seguir con las preguntas bobas de la revista—. ¿Y tu test? —consiguió decir Matt entre besos y jadeos.

—¡Que le den al test! —respondí abalanzándome a él para seguir llenándolo de besos.

Nos entendíamos a la perfección. Nos complementábamos. Y poco a poco nos fuimos introduciendo en las familias respectivas.

—Hoy conocerás a mi madre. Me hace ilusión que te conozca, Jimena —me comentó Matt, emocionado.

—Me parece bien. ¿Hay algo que deba saber antes de entrar en tu casa? —pregunté al observar los nervios de Matt.

—Mi madre es un poco especial. Es bohemia, vive de su arte: la pintura. Va un poco a su aire. —Asentí—. Entremos.

Matt abrió la puerta de una casa antigua en el centro de la ciudad. Había una sala con suelo de madera y paredes de cal. Veía muchos caballetes con lienzos terminados y otros por empezar. Mucho desorden y pinturas por todos lados. Esa sala conectaba con una cocina pequeña decorada con muebles antiguos que daba a un patio acogedor cubierto de plantas. Al fondo de la sala, había una mujer con una larga cabellera negra recogida en un moño alto. Llevaba un peto vaquero y una camiseta blanca. Iba descalza y mordisqueaba un pincel cuando oyó abrir la puerta.

—Matt, ¿eres tú, cariño? Haz el favor de acercarte que quiero que me des tu opinión.

Ambos nos acercamos. Yo lo observaba todo. La casa tenía un aire bohemio. De las paredes colgaban pañuelos de flamenca, pinturas y muchas más plantas. La mujer, de unos cuarenta y cinco años de edad, al girarse, se dio cuenta que su hijo no venía solo. Había traído una chica a la casa, a mí. Me observó con detenimiento y vino a darme dos besos.

—Hola, cariño, mi nombre es Nicola. Soy la madre de Matt. —El tono que había usado imponía un poco. Parecía molesta de tenerme allí. Matt se dio cuenta de la actitud de su madre, así que interfirió para relajar el ambiente.

—Mamá, ella es Jimena. Es mi novia. Llevamos juntos unos meses y quería que la conocieras —soltó todo de golpe para luego suspirar. Como si lo hubiera ensayado.

—Encantada, Jimena. Tienes nombre de pija, ¿no? Me da a mí que un poco pijilla sí que eres. Ya me había avisado Kenny de algo. Y no, no se ha equivocado.

Yo no sabía dónde meterme. La vergüenza que pasé era atroz. Si la primera impresión es la que cuenta, ya podía asegurar que había sido un desastre. Es obvio que yo no le había gustado nada a la madre de Matt. Se le notaba. Pero hice un esfuerzo por Matt y contesté de forma muy prudente.

—Tiene usted una casa preciosa. Se ve muy acogedora.

—¡Ay, chica! No hace falta que seas tan correcta. Tú relájate que ya nos veremos por aquí —dijo Nicola volteándose para continuar con su inspiración.

Observé una actitud de indiferencia hacia mí muy evidente, pero no quise preocupar a Matt. Cogí fuerzas de donde no las tenía y le dije:

—Enséñame tu habitación, americano. Quiero ver todas esas cosas de las que presumes.

Y con gran parsimonia, lo cogí de la mano y lo saqué de la sala de pintura sin dirección fija hacia ningún lugar. Noté la mirada acusadora de su madre en mi nuca como si de la mismísima *Inquisición* [11] se tratara. Por dentro, me sentía como un flan, pero no era justo hacerle sentir aún más incómodo a Matt. Ya estaba bastante fastidiado por lo ocurrido y no quería darle más preocupaciones de las que tenía.

Al llegar a la habitación de Matt, me fijé en que los muebles de su habitación eran de obra. Él mismo, con ladrillos, se había hecho su cama y unas estanterías, incluida una mesa de debajo de la ventana que hacía las veces de escritorio. Tenía un colchón de gomaespuma y una colcha que lo cubría. No había sillas, así que me invitó a sentarme en la cama. Me fijé que en una de las estanterías tenía toda la colección de música de la que tanto había hablado.

—Escuchemos esta —dije cuando elegí un CD de la vitrina y lo puse en la minicadena. Era de marca Sony e incluía también radio, amplificador, CD, *cassette* doble pletina reversible y dos altavoces, entre tantas cosas. Al entrar, era lo que más destacaba de la habitación. Observé la portada de la carátula que tenía en la mano. Aparecía una chica negra vestida de blanco con una boina a juego y unas trenzas. En grande ponía Brandy. Comenzó a sonar *I´m yours*, pista uno. La canción tenía un rollo

---

[11] antiguo tribunal eclesiástico establecido para castigar las faltas sobre la fe. Utilizado actualmente de manera coloquial cuando un grupo de personas se reúnen para averiguar algo.

de R&B que me encantó—. Tienes que enseñarme a bailar este tipo de música —supliqué a Matt poniéndole ojitos mientras me dejaba llevar por la música a la vez que movía las caderas.

—Ven aquí. —Me agarró por la cintura y me acercó a él—. Relájate. Abre las piernas —murmuró Matt cada vez más cerca de mis labios—. Ahora baja el culo y déjate llevar en mis brazos escuchando la música.

Me dejé llevar. Me relajó su voz, su seguridad. Desprendía masculinidad. Comenzamos a balancearnos sensualmente al ritmo de la canción. Me aferré a su cuello.

—Cierra los ojos, amor.

Esas palabras me desarmaron por completo. Pese a mi timidez, jugaba a ser sensual. Nos mecíamos al ritmo de la música de una manera excitante, y por un momento olvidamos el mal trago vivido unos minutos atrás. La música nos unía, nos hacía sentir cómodos, juntos nos sentíamos invencibles. Entre baile y baile, se escaparon caricias y besos de complicidad.

De repente, sonó un golpe fuerte que nos asustó y nos hizo separarnos de inmediato como si hiciéramos algo malo. Nicola había abierto la puerta de la habitación con un golpe seco haciendo chocar la puerta contra la pared.

—¿Se puede saber qué hacéis con la puerta cerrada? —gritó enfurecida—. En mi casa, las puertas se dejan abiertas, y si a la niña pija no le gusta, ¡que se vaya!

—¡Vale ya, mamá! Te estás pasando mucho. Le estás faltando el respeto a Jimena. Ni siquiera la conoces y ya la juzgas. —Matt estaba muy enfadado con su madre. Quizá fue mala idea el presentármela. Su madre era un poco bipolar. Cambiaba de ánimo cual veleta al viento, y parecía que ese día se avecinaba tormenta.

—No te preocupes —conseguí decir sacando fuerzas de donde no las tenía. Me temblaba el cuerpo entero y no me salían las palabras. Con voz entrecortada logré hablar—. Mejor me voy. —Cogí mi mochila y, al salir por la puerta de la habitación, una mano me agarró del brazo.

—Nos vamos juntos —dijo Matt mientras lanzaba una mirada cabreada a su madre.

Ambos salimos en silencio de la casa. No sabíamos qué había ocurrido ahí dentro. La situación había sido muy embarazosa. Matt sabía que su madre no había actuado bien. Pero sobre todo que yo no me lo merecía.

Me miró, se fijó que andaba con la cabeza gacha, pensativa. No sonreía. No hablaba. Él intentó distraerme acariciándome la cara, pero solo recibió a cambio una sonrisa forzada por mi parte. Sin duda, yo no estaba bien, y todo era por su culpa. Había actuado muy imprudente. Tendría que haberle tanteado a su madre la situación y quizá no habría sido tan desagradable para nosotros.

—Jimena, dime algo —suplicó.

—No hay mucho que decir, Matt. Tú no tienes la culpa. Ha sido culpa mía. Me había hecho una idea en mi cabeza que no se ha parecido en lo más mínimo a la realidad. Expectativas altas, así se llama.

—¿Todo bien entre nosotros? Mi madre es así. Tendría que haberte avisado, pero no quería que la prejuzgaras antes de conocerla.

—Claro, mejor vivirlo. ¿Qué quieres que te diga, Matt? —pregunté con voz suplicante. Cada vez me desquebrajaba más. Si seguía hablando, me pondría a llorar, y eso era algo que no me permitiría. No iba a llorar. Así que cogí aire y espiré profundamente para calmarme.

—No sé, Jimena. Así es mi vida. Siempre ha sido un caos. Un jodido caos. Ahora te he convertido sin querer en parte de ese caos. Lo siento muchísimo. Si hay algo que pueda hacer para que no estés triste, dímelo.

—Bájame la Luna, ¿puedes? —dije con una sonrisa tímida.

—Tiene su trabajo, ¿sabes? Pero haré lo que me pidas. —Se acercó lentamente hacia mí, juntó sus labios con los míos y me besó con amor—. Lo siento tanto… No te lo mereces. —Se le oía frustrado. Su vida siempre fue una montaña rusa, dependiendo siempre del carácter de su madre. ¡Cuánto le hubiera gustado tener unos padres normales!

Abrazados, caminamos por las calles nocturnas de la ciudad hasta mi casa. Nos despedimos con un beso, y así pusimos punto y final a esa noche agridulce.

Pensé en el momento del baile. Había disfrutado mucho con Matt, y me encantó verlo bailar por primera vez. La mejor manera de reciclar lo malo es quedarse con los mejores momentos vividos.

Capítulo 13

—¡Sorpresa! Mira quién ha venido a verte. Ya le he dicho que estoy muy disgustada con ella por no pasar por aquí en días. Me tenía preocupada. Menos mal que su abuela me pone al corriente cuando la veo por el barrio —dijo mi madre mostrándome a Chencha como si fuera un regalo de bienvenida para mí.

—¡Chencha!, ¡qué bien que estés aquí! Te echaba de menos. ¿Todo bien? Hace días que no hablamos. La otra tarde llamé a tu casa y me dijo tu abuela que no estabas. ¿Dónde te has metido, Chenchita? —Se me notaba en la voz lo contenta que me sentía al ver a mi amiga. No podía evitar hablar excitada. Me alegré tanto de verla en casa que pensé: «ya tengo confidente para contarle lo sucedido y despotricar [12]de la madre de Matt».

Notaba extraña a Chencha desde hacía un tiempo. Cada vez estaba más distante, y no encontraba motivos que lo justificara. Conocía bien a mi amiga y sabía que algo escondía. Pero también sabía que no le gustaban las presiones, así que esperé al momento en que se sintiera cómoda y sin agobios.

---

[12] hablar sin consideración, diciendo barbaridades contra alguien o algo.

—¡*Tachán*! Aquí estoy de vuelta como la hija pródiga.

Y las tres nos reímos de los gestos exagerados que hacía Chencha con sus manos.

—Anda, ven, payasa. Vamos a mi habitación, que tenemos que ponernos al día.

Nos acomodamos en la cama, tumbadas boca arriba con los pies en la pared dejando caer nuestras melenas castaña y rubia.

—¿Eres feliz, Jimena? —me preguntó mientras mirábamos al techo.

La pregunta me cogió tan de sorpresa que me incorporó de golpe y me senté en la cama para mirar mejor a mi amiga. Me había dejado perpleja con la pregunta que me acababa de hacer.

—A ver, rubia, ¿te pasa algo que yo no sepa? Porque si es así, sabes que puedes confiar en mí —dije mientras le daba un beso en la mejilla. Chencha es mi única amiga, mi confidente. Es verdad que la había notado un poco rara, como ausente desde hacía un tiempo, pero con la ilusión de Matt no le había dado demasiada importancia. ¿Y si le había pasado algo grave y por mi egoísmo no me había dado cuenta? No me lo perdonaría en la vida. No paraba de hacerme preguntas como una loca culpándome de todo. A punto de salir a escena la señora Porculera, Chencha interrumpió mis pensamientos.

—Jimena, deja de culparte por todo. Tú no has hecho nada, ¿entendido? Te conozco. Seguro que esa cabecita tuya está ahora mismo como una cafetera a punto de estallar.

—¡Ay, Chencha! Es que me he quedado descolocada.

No sabía qué decir. Suspiré. ¿Qué le pasaba a Chencha? La miré y la noté mal. No era la chica de siempre. Cogí fuerzas y continué:

—Perdona, llevo una tarde un poco peculiar. Me ha dejado un sabor amargo para unos cuantos días. Pero eso no es importante ahora mismo. ¡Cuéntame ya todo! —le ordené sin contemplaciones.

—Lo que te voy a decir lo he meditado mucho. Llevo mucho tiempo pensándolo y lo he hablado con mi padre y mi abuela antes de decidir venir a contártelo. No es nada grave, ¿entendido? —explicó Chencha al ver la preocupación en el rostro de su amiga.

—Vale. —Era lo único que me salió como respuesta a lo que mi amiga me contaba. Intuía que se avecinaba una buena, y estaba muy intranquila.

—Desde hace un tiempo he empezado a sentir sentimientos de amor hacia ti —comenzó a decir.

—Normal, Chencha, eres mi mejor amiga. No entiendo a dónde quieres llegar —interrumpí, impaciente.

—No me interrumpas más y déjame hablar, por favor. Lo que te intento decir me cuesta mucho y si me interrumpes tanto me va a costar más —imploró Chencha con una parsimonia nada habitual en ella.

—De acuerdo.

—Sin rodeos, Chencha, hazlo como lo has ensayado. ——Se animaba ella misma en voz alta para coger fuerzas—. Lo que pretendo decirte, Jimena, es que estoy enamorada de ti. Que no me he dado cuenta hasta que te he visto tan ilusionada con Matt. Lo sé, sé que es egoísta decirte todo esto ahora, pero entiéndeme, yo creía que lo que sentía por ti era amistad y amor fraternal. Pero no es así. Lo siento tanto… —Hizo un gesto con la mano en modo silencio para que no la interrumpiera—. Te veo con Matt tan feliz que me duele, tengo celos de él, no duermo, y sueño con que algún día me corresponderás. Sé que todo esto es difícil de asimilar. Créeme, lo sé. No estoy confundida. No quiero oír eso nunca más. Ya lo he oído mucho estos días. No puedo frenar mis sentimientos. Sé que me siento atraída por ti emocional y sexualmente, y deseo compartir algo más que amistad contigo.

Se hizo un silencio incómodo en la habitación. Chencha había terminado sus últimas palabras, emocionada. Le temblaba la voz y esperaba ansiosa mi respuesta. Me quedé en *shock*. No sabía qué decirle. Sabía con seguridad que no me atraían las chicas, de eso no tenía dudas. Pero escuchar de mi mejor amiga esa declaración de amor no me lo esperaba.

—No sé qué decir, Chencha —logré articular.

—No quiero que me prometas amor eterno ni que pienses siquiera que podría funcionar algo entre nosotras, aunque eso me haría muy feliz. Solo quiero que lo entiendas. Que entiendas cómo lo estoy pasando. Y que cada día me es más difícil estar cerca de ti.

—Pero ante todo somos amigas. ¿Qué más da toda esta mierda?

—Lo sé, somos amigas. Eso es lo primero. Por ello he tomado una decisión, y tanto mi padre como mi abuela me apoyan. —Le hice un gesto para que continuara, estaba intrigada con lo que decía—. He decidido irme a estudiar fuera del país.

—¿Qué? ¿Cómo? No, Chencha, eso no. Seguro que podemos buscar una solución. No te puedes ir. Eso no —supliqué con lágrimas en los ojos—, por favor, quédate. Buscaremos la mejor solución entre las dos. Si quieres, dejo a Matt. ¡Eso! Si te hace sentir mejor, lo dejaré.

—Jimena, escúchame. —Me cogió la cara entre sus manos—. Eso que dices sería cruel para ti y para mí. ¿Con qué cara podría mirarte yo? El amor no se puede forzar. Lo que sientes por Matt es muy grande y puede llegar muy lejos. Lo nuestro nunca llegará a nada. Con el tiempo, me odiarías, y eso no me lo perdonaría jamás. No puedo culparte porque no te gusten las chicas. Pero tengo que pensar en mí. Y quedarme viendo cómo eres feliz con otra persona que no soy yo, es muy duro. Sería una infeliz toda mi vida. He pensado que lo mejor sería poner distancia, conocer mundo, otras culturas, otra gente. Gente como yo. Además, sabes que me mirarían como un bicho raro en este pueblucho. Este no es mi sitio, Jimena.

—Veo que lo tienes todo decidido —repliqué, molesta.

—Sí, Jimena. Lo he hablado mucho con mi padre. No te preocupes, no le he dicho lo que siento por ti. Ese será nuestro secreto. Le he dicho que mi condición sexual no me hace sentirme cómoda en la ciudad y que quizá sería mejor probar en otra más moderna. Al principio, no le gustó la idea. Pero ya sabes que es un trocito de pan. Es tan bueno… lo adoro —dijo, emocionada—. Me ha apoyado en todo. La abuela aún no lo asimila muy bien, pero lo hará.

Asentí con la cabeza a todo lo que Chencha contaba. Eran muchas novedades y muchas dudas. ¿Cómo no me había dado cuenta de los sentimientos de mi amiga? Dejé que Chencha continuara hablando.

—Entre los dos hemos encontrado un instituto bilingüe en Londres, ya sabes, para que no me cueste tanto el nuevo comienzo. Es una ciudad multicultural. Y allí podré ser libre, sin complejos ni inferioridades por sentirme diferente al resto.

—Tú no eres ningún bicho raro. Eres mi amiga. Joder, Chencha. ¿Cómo no me había dado cuenta de todo esto antes? —Me sentí impotente ante esta situación.

—No tenías por qué. Ser lesbiana no significa llevar un cartel en el pecho que lo diga.

—¡Oye! No te pases. Sabes que no es eso lo que quería decir.

—Lo sé, perdona. Estoy a la defensiva. Siempre se ha dicho que el mejor ataque es una buena defensa, o algo así —dijo con esa sonrisa socarrona.

—No hay mejor defensa que un buen ataque. Así se dice. ¿A quién voy a corregir yo ahora? —pregunté triste.

—Pues me da a mí que tienes a uno muy cerca que le hace falta más de una clase de lengua española. —Las dos reímos a carcajadas al recordar a Matt.

—Esta noche te quedas a dormir. No se hable más. Tienes que contarme todos tus planes y darme tu dirección para ir a visitarte.

—Claro. Llamo a casa y aviso a mi padre para que no se preocupe. —Salió del cuarto decidida a no darme nunca sus señas. Quería olvidarme para siempre, y si manteníamos el contacto sería más difícil o incluso imposible lograrlo.

Cenamos pizza. Mamá tenía unas manos privilegiadas en la cocina. No había plato que se le resistiera. Como era de esperar, la pizza estaba riquísima. Comimos las dos en la cocina mientras charlábamos de banalidades. Lucas no había regresado aún. Estaba en el centro ecuestre donde daba sus clases de equitación. Papá trabajaba y llegaría tarde. Y a mi madre no le gustaba ese tipo de comida tan moderna. Aunque intentamos llevarnos la pizza a la habitación para tener más intimidad, no lo conseguimos. Mi madre llegaba a ser muy tajante con las normas de casa, y había que cumplirlas a rajatabla.

Acomodadas con el pijama y arropadas con el edredón, charlábamos animadamente cuando Chencha nos cubrió la cabeza y, bajo las mantas, me suplicó:

—Me gustaría despedirme de ti con un beso. —Chencha me miraba con otros ojos. Sentí su mirada como la de Matt antes de besarme. Penetrante.

—¿En los labios? —pregunté sorprendida—. Sabes que tengo novio.

—Pero él nunca lo sabrá. Y quiero saber qué se siente al besar tus labios. —No me esperaba esa petición de Chencha. No sabía qué contestarle—. Te prometo que solo será rozarnos los labios. Sin lengua.

—Vale —respondí con una risita nerviosa. Me sentía un poco incómoda—. Parecemos dos niñas pequeñas escondidas porque saben que van hacer algo malo.

Chencha posó su mirada profunda en mí. Muy despacio, para no asustarme, se acercó a mí y, bajo la poca luz que penetraba a través de las mantas que nos cubría la cabeza, me dijo con gran emoción:

—¡Gracias!

Me agarró la cabeza para después acercarse tanto a mí que me incomodó. Pero se lo había prometido. Solo era un beso. Comenzó por la comisura de mis labios y recorrió toda mi boca. Despacio. Fue un beso tierno y dulce. Con mucho cariño. Lamenté no sentir nada. Observé que Chencha cerró los ojos y disfrutó de ese momento tan íntimo entre nosotras dos. Yo no puedo decir lo mismo. Ese beso no significó nada para mí. Me sentí incómoda, fuera de lugar. Chencha, en cambio, estaba feliz. Había cumplido su sueño.

Las relaciones, al fin y al cabo, son sacrificios. Nuestra relación de amistad era muy profunda y me tocaba sacrificar uno de tantos besos que tenía guardados. Para Chencha, siempre sería el amor de su vida.

De repente, escuchamos unos golpecitos en la puerta. Mi hermano Lucas entró con su sonrisa arrolladora.

—Chicas, solo pasaba por aquí para desearos buenas noches. —Se tiró en la cama, encima de las dos, dándonos besos sin parar mientras nos hacía cosquillas.

—¡Quita!, ¡hueles a caballo mojado! —le gritaba entre risas.

—Echaré de menos todo esto —dijo Chencha susurrando, a modo de despedida—. ¡No sabes cuánto!

Capítulo 14

Chencha lo tenía todo preparado para su nueva vida. Los días previos a su partida se dedicó a ir casa por casa para despedirse de todos sus amigos. Por supuesto, yo le acompañaba y, entre las dos, contábamos una de las mejores historias que se pudieron inventar. Todos quedaban alucinados. No entendían que a Chencha la hubieran admitido en una escuela tan prestigiosa como becaria, ya que era una pésima estudiante. Aun así, seguíamos con el circo que se habíamos montado para que nadie sospechara lo más mínimo. Y cada vez que contaban la historia, aumentaban los detalles inventados.

Fueron unos días alucinantes. Hablé con Matt y le conté la partida inmediata de Chencha, y él entendió que quisiera pasar el mayor tiempo posible con ella.

El día del adiós fue difícil. La familia Durán no se hallaba en sí de tristeza. Lucas fue el primero en despedirse. Le costaba controlar la tristeza que sentía por la partida de Chencha, pero no quería que nadie le viera llorar, por lo que se despidió y, entre bromas, se marchó. Tanto mis padres, como el de Chencha, su abuela y yo, nos despedimos en el aeropuerto. Se respiraba un ambiente doloroso. La pequeña Chencha se marchaba a estudiar a otro país. Y todos los que allí la despedíamos teníamos la esperanza de que cambiara de opinión. Pero no fue así. Estaba decidida.

—Gracias por todo —me dijo Chencha destrozada por la pena.

—¿Gracias por qué, Chencha?

—Por entenderme y ser tan buena conmigo siempre. —Su voz sonaba rota.

—Ven aquí, tonta.

Nos abrazamos largo rato. Las dos nos emocionamos mucho. Nos costó separarnos y decirnos adiós. ¿Por qué Chencha tomó esa decisión tan drástica? No lo entendía. Esa pregunta no se me quitaba de la cabeza. Probablemente, el amor que sentía por mí, desaparecería con el tiempo. Solo era una chiquillada que no podía separarnos. Mis lágrimas se sumaron a la despedida.

—No llores, Jimena —me pidió Chencha mientras acariciaba mi mejilla.

—Todavía no me hago a la idea de que te vayas tan lejos —le confesé.

—Es lo mejor para mí. —Chencha miró hacia otro lado al pronunciar esas palabras.

—Si tú lo dices… Yo no lo veo así —aclaré.

—Matt tiene mucha suerte de haberte conocido.

Mi rostro estaba cubierto por mis manos. Este momento me costaba horrores. Mi amiga, mi confidente, mi hermana de saliva, se marchaba. ¡Era todo tan injusto! Recuerdo cuando de pequeñitas hicimos el juramento de la saliva. Chencha ideó echarnos nuestra propia saliva en las manos y estrecharlas. Así estaríamos unidas para siempre.

—Nunca te olvidaré. —Mi voz se quebró—. Nos veremos pronto, amiga. No olvides que te quiero mucho —le dije con lágrimas en los ojos. Me abrazó con fuerza.

—Yo también te quiero, Jimena. —Se acercó a mi oído y se aseguró de hablar tan bajito que solo yo pudiera oírla—. Nos vemos cuando el destino tenga ganas de juntarnos, mientras tanto, cuídate y sé feliz, Jimena.

Chencha sabía que sería la última vez que me vería, y quería prolongar ese momento el máximo tiempo posible. Ese olor a lavanda siempre lo recordaría.

Con el dolor de su corazón, Chencha decidió marcharse para siempre de su tierra. Dejando atrás su familia, sus amigos, su vida, y a mí. Antes de embarcar, se paró y echó una última mirada a todo lo que dejaba atrás. Extrañaría a su padre y a su abuela. Los consejos de Chesca, las gracias de Lucas y la seriedad de Javier. A su abuela que la cuidó como a una hija. Y a mí que, según ella, le había robado el corazón sin yo saberlo.

Al verla pararse a las puertas del embarque, no dudé en salir corriendo. Las lágrimas salían solas por mis ojos. Ya me daba igual que me vieran llorar. Se iba mi amiga, mi hermana. Y me sentía tan culpable por ello que no paraba de pensar si hubiera podido evitarlo. Al llegar a su altura, la abracé fuerte.

—Te echaré de menos, Chencha. No sabes cuánto —dije con la esperanza de que mis palabras la hicieran cambiar de idea.

—Jimena, añoraré nuestros momentos, te extrañaré muchísimo, pero sé que voy a estar mejor sin ti.

—Lo siento —gimoteé.

—No lo sientas. Los sentimientos no podemos cambiarlos. Yo te amaré en silencio toda mi vida.

Me dedicó una última sonrisa y, con el dolor de su corazón, se dirigió al avión con destino a Heathrow, Londres. Destino a su nueva vida.

Todos corrimos a la planta de arriba del aeropuerto para verla a través de la cristalera y decirle adiós con la mano. Chencha se despidió emocionada y todos, a través del cristal, gritábamos un adiós agitado moviendo las manos enérgicamente.

Los días fueron pasaron lentamente. La ausencia de Chencha era notable. Matt hacía todo lo posible por distraerme. Estudiábamos juntos y paseábamos.

—¿Qué te parece si vamos en la moto a la Sierra y me cuentas alguna curiosidad de esas que tú sabes y que a mí tanto me gusta oír?

—No sé, Matt. La verdad que no sé si me apetece ir —contesté desganada.

—Venga, no seas así conmigo. —Me hizo un mohín muy dulce.

—Vale. Tú ganas —acepté.

No me sentía con ganas, pero estaría bien distraerme. La partida de Chencha me había dejado muy tocada. Subimos los dos a mi moto. Nos pusimos los cascos y nos dirigimos hacia la Sierra San Cristóbal, una sierra ubicada al límite de los términos municipales de Jerez y de El Puerto de Santa María, famosa por sus atardeceres y sus cuevas/canteras de donde se extrajeron piedras para grandes edificios como la Catedral de Jerez y la de Sevilla.

Al llegar, Matt subió la carretera que llegaba al mirador. Aparcó la moto y tras bajarnos, en silencio, me besó.

—Vamos, Jimena, a ver qué tienes que contarme de este lugar tan maravilloso. —Me agarró de la mano y tiró de mí.

Nos sentamos en una piedra al filo del acantilado de la cantera. La tarde prometía. El sol se estaba poniendo y nos deleitaba con un atardecer precioso.

—Mira. —Señalé hacia el frente—. Eso es el Poblado Doña Blanca. Justo detrás se puede ver Las Salinas, y si miras hacia la derecha tienes una de las mejores panorámicas de El Puerto de Santa María.

—¿Dónde está Jerez? —preguntó Matt, que intentaba situarse.

—A nuestra espalda. Desde aquí es difícil verlo. —Me abrazó y me besó.

—¿Te digo un secreto? Me pone a mil esa cabecita tuya —me dijo dándome un golpecito con su dedo índice en mi cabeza.

Me entró esa risa nerviosa que me da cuando no sé qué decir.

—Eres un bobo, ¿lo sabías? —Fue lo único que me salió. ¡Qué original! No se me podía ocurrir otra cosa.

Estaba ocupada en mis pensamientos cuando escuché:

—Cuéntame. —Otra vez puso esa voz susurrante que me eriza la piel. Me habló tan cerca que sentí cómo se derrumbaban mis barreras.

—A ver, ¿qué te cuento? —titubeé. Matt me miró con atención. Su mirada se posó en mí, acompañándome en toda la historia que le comencé a contar—. Las cuevas fueron visitadas por el Rey Alfonso XIII en 1930. Fíjate lo importante que llegaron a ser —expliqué. Miré a Matt, que seguía muy atento a la explicación—. Los cantos se bajaban en carretas tirados por mulas hasta el muelle de El Portal. Se embarcaban en navíos que bajaban al río Guadalete para salir a la Bahía de Cádiz hasta llegar a Sanlúcar para remontar luego por el Guadalquivir hasta la Torre del Oro en Sevilla. Allí cargaban las carretas tiradas por bueyes para llevarlas a pie de obra. —Mientras narraba la historia, yo misma alucinaba con lo que contaba. Mi voz delataba esa sensación de entusiasmo que me provocaba pensar en tantos momentos históricos. Me apasiona tanto la historia que a veces no me doy cuenta del sentimiento que le produce a mi receptor escuchar tanta información de golpe—. ¿Te imaginas toda esa parafernalia en la actualidad? —pregunté a Matt impresionada con mis propias palabras.

—No me lo imagino. Tendría que ser bastante difícil ese trabajo. El cargar las piedras y todo eso.

—Tenemos una historia en esas cuevas, ¿sabes? Lástima que no le den la importancia que tiene. Sería un patrimonio muy enriquecedor.

—Cierto. Algún día me tendrás que llevar a esas cuevas —me rogó con su tierna mirada.

—Eso está hecho. Lástima que se hayan convertido en un estercolero. Aun así, de mi mano seguro que te gustará. Eso si no nos perdemos. —Le guiñé un ojo y le di un beso. Y dos y tres. Me estaba volviendo adicta a él.

—Oye, al final no me contaste el motivo por el que se fue Chencha. —Recordó de pronto Matt.

—No lo hice. Tienes razón.

Empecé a contarle la historia de lo sucedido, omitiendo el beso. Para mí, resultó muy vergonzoso y no quería que Matt pensara una cosa que no era. Observé que estaba más atento de lo normal a mis palabras. Su rostro parecía de hielo, ni la más mínima mueca. ¿Qué pasaría por su cabeza en esos momentos?

—Me parece muy bien la decisión que ha tomado. —Su voz sonaba muy seria—. Ha tenido que ser muy duro para ella enamorarse y tener que compartir su día a día con esa persona sin ni siquiera poder besarla.

Ahí tenía en primicia sus pensamientos. Parecía no haberle gustado mucho.

—Yo también pienso que ha acertado con su elección, pero la echaré tanto de menos… —dije, e hice un gesto con los labios a modo de pena.

—Eres una rompecorazones —bromeó.

—No digas eso. No juegues con lo que ha pasado —repliqué, molesta.

—Vale, no quiero que te ofendas. Pero es normal que se prenden de ti. Si utilizas tus encantos tendrás más de un pretendiente por ahí.

—Anda ya.

«¿Ahora te viene con esas? Pretendientes, dice», Doña Porculera hizo una breve aparición.

—Lo digo en serio, Jimena. No eres consciente hasta dónde llegan tus encantos — insistió Matt.

—Yo no quiero pretendientes, te quiero a ti. Con eso me conformo —respondí sincera.

—¿Te conformas? —Levantó una ceja.

Las risas volvieron a mí. Esa risa incontrolable que me salía sola cuando no sabía qué responder.

—Quería decir que todo esto es muy doloroso. Para mí, Chencha es como mi hermana. No puedo mirarla de otra manera. Además, estás tú, que me tienes hipnotizada con esos ojazos negros. ¿Cómo puedo mirar a otra persona? Imposible —aclaré.

—Anda, ven aquí, dramática. Claro que no juego con ello, pero entiendo a Chencha, no puedes imaginar cuánto. Desde que te conocí no imagino mi vida sin ti.

—Sí, claro, no será para tanto —repliqué.

—Es para más. Ven y bésame.

Respondí encantada a su petición con un beso de pasión, caricias y palabras sensuales que lo volvieron loco.

—¿Te has dado cuenta que es nuestro primer atardecer? —comenté entre besos.

—Siempre serás mi primera vez —respondió con amor.

—¿Tu primera vez? —pregunté curiosa.

—Mi primer atardecer, mi primer amor. Todas mis primeras veces las quiero contigo.

Sonreí enamorada como una boba y lo besé.

—¿Existe algún lugar mejor que éste?

—Lo dudo.

—Cada puesta de sol siempre es una buena razón para comenzar de nuevo.

Nuestros corazones se aceleraron y la excitación se hizo protagonista entre los dos. La velocidad del beso aumentaba por momentos y las manos empezaron a intervenir acariciándonos el uno al otro. Me atreví y succioné el labio inferior de Matt y le resultó tan estimulante que quería más de mí. Con él era tan fácil descubrir cosas nuevas, que soñaba con el momento de estar a solas con él. Matt me miró. Los últimos rayos de sol me alumbraban el rostro.

Capítulo 16

—Espérame aquí. Subo yo primero y aviso de que has venido acompañándome. Ya verás como todo sale bien. Mi abuelo es un sol —dije al recordar muchos de los momentos vividos con mi abuelo.

—*Ok*. Aquí estaré —me respondió Matt, conforme.

Subí las tres plantas que separaban la casapuerta hasta la puerta de mi abuelo. Llamé. Un timbre, dos. Abrió Soledad, la segunda esposa de mi abuelo. ¡La de años que lleva mi abuelo con esta señora! Siempre la recordaba en mi vida, pero sin ningún tipo de afecto, solo el justo y necesario.

—Hola, Soledad. ¿Está mi abuelo? —saludé.

—Sí, claro. Pasa. Está en la sala de estar viendo los toros.

—Gracias. —Le di un beso. Siempre le daba un beso al verla y otro al despedirme. Me salía natural. Soledad sonrió y aceptó mi muestra de cariño. Y sin más, cerró la puerta tras de mí—. ¡Abuelo! —Sin pensármelo dos veces me eché en los brazos de aquel hombre que me recibía siempre con amor e ilusión.

Mi abuelo, un hombre pelirrojo y con un corte de pelo tipo fraile. A él no le gustaba que me refiriera a su corte de pelo con ese nombre, pero no encontraba otro que lo describiera mejor. Tenía una calva en el centro de la cabeza que se expandía por la coronilla, el resto era con un pelo muy fino color caoba. ¡Qué lástima no tener la suerte de haber nacido con el mismo color de pelo que él! Me hubiera encantado ser pelirroja. Él tenía los ojos verdes y una belleza varonil que el paso de los años había dejado mella en él. Vestía siempre una camiseta de tirantes blanca, un pantalón de pijama color celeste y sus *babuchas* [13] de estar por casa. Su uniforme habitual. Eso sí, cuando salía se ponía su mejor traje de chaqueta, corbata a juego y bastón. Todo un señor *dandy* [14].

—¿Qué tal está mi gorda? —me preguntó sentado en su mecedora.

—Bien, abuelo. Como siempre.

—¿No venías acompañada? —preguntó al recordar que le había comentado algo cuando lo llamé.

—De eso te iba a hablar, abuelo. He venido con Matt. —En ese mismo instante sonó el timbre de la puerta y no me dejó acabar. Era la vecina de enfrente. Llegó agitada y muy preocupada.

—No sabéis qué me ha pasado. ¡Ay, hola, guapísima! No me había dado cuenta que estabas aquí —dijo al notar mi presencia en la sala—. Bueno, lo que estaba contando… Resulta que hay un chico abajo en el portal con muy malas pintas. Me he asustado tanto que me he subido rápido y no he soltado ni la basura. ¡Qué miedo, Juan! No tenemos seguridad ni en nuestra propia casa.

---

[13] zapatilla de tela y suela plana que se utiliza para andar por casa.
[14] hombre que se distingue por su elegancia

—A ver, Josefa —dijo mi abuelo preocupado—. ¿Te ha hecho o digo algo?

—No, menos mal. Solo me ha dicho buenas tardes. Pero es que las pintas que trae me han dado mucho miedo. Además, habla raro, como si no fuera de aquí.

Esa señora chismosa se refería a Matt. Me acerqué a mi abuelo y le cuchicheé al oído. Él asintió y, con mucha educación, se acercó a Josefa y la acompañó a la puerta.

—No te preocupes por el chico, es un amigo de mi nieta. Es totalmente inofensivo, te lo aseguro.

—Me dejas más tranquila, Juan. No veas el susto que me he llevado —dijo la señora con un poco de dramatismo a su actuación.

Mi abuelo se asomó a la terraza del salón. Vio, efectivamente, a un chico en el portal. De lejos, lo veía con pelo largo y ropa muy ancha. Con un aspecto diferente. Si yo había aceptado conocerlo y quería presentármelo, era porque había visto algo bueno en él. Así que, por amor a mí, aceptó conocer a Matt.

—Sube —invitó Juan con un gesto con la mano por si no lo escuchaba muy bien ya que estaban en un tercero.

Matt quería causar buena impresión. Yo ya le había comentado que mi abuelo era muy tradicional, pero que aprobaría nuestra relación, por mí. Cuando Matt entró, mi abuelo estaba de pie, en la sala de estar. Yo me acerqué a la puerta y, con una sonrisa, asentí para decir que todo estaba bien. Matt se tranquilizó un poco, pero al ver que mi abuelo continuaba en pie, esperándolo, se achantó un poco. Mi abuelo, como hombre mayor educado y correcto que es, ofreció su mano a Matt a modo de saludo. Este respondió al saludo. Cuando tenían ambas manos apretadas, mi abuelo apretó con fuerza y se presentó.

—Me llamo Juan Braza. Si tratas mal a mi nieta, te buscaré hasta el fin del mundo para hacértelas pagar. Pero si eres bueno con ella, serás bienvenido siempre a esta casa. —Y le guiñó un ojo a modo de comunicación informal—. Y ahora, ¿qué quieres tomar? —preguntó mientras le ofrecía asiento a su lado.

—Un vaso de agua estaría bien, señor —dijo Matt, temblando aún.

—Relájate, hombre, y cuéntame de dónde vienes —pidió dándole una palmada en la espalda con la intención de hacerlo sentir cómodo.

—Nací en New York. Vine con mi madre y mi hermano hace un par de años. Primero, estuvimos en Sevilla; luego, decidió que en Jerez se podría inspirar más en su arte.

Mi abuelo no quitaba ojo a Matt. Le interesaba lo que le contaba.

—¿Y tu padre? ¿No vino con vosotros?

—Mi padre nos abandonó cuando mi hermano era un bebé, y ya no hemos vuelto a saber nada de él —comentó Matt intentando quitarle importancia—. Lo tenemos asumido. He crecido sin él. No puedes echar de menos a alguien que no has conocido, ¿no?

—Tienes razón, muchacho. Se te ve un chico de buen corazón y eso me gusta.

—Por cierto, Matt. Ella es Soledad, la mujer de mi abuelo —dije, al darme cuenta de que, con la expectación de la visita de Matt mi abuelo, se me había olvidado presentar a su esposa.

—Encantado. —Matt sonrió a Soledad.

—Ya están las presentaciones hechas —concluyó el culo inquieto de mi abuelo—. ¿Qué te parece mi gorda? Es muy buena niña y una nieta extraordinaria.

Matt sonrió. Juan me adoraba, y eso se le notaba mucho. Más bien, presumía de mí. Ahí podía entender el porqué de que esa exhibición de mi abuelo hacia mí no me venía bien para relacionarme con el resto de la familia. Siempre he notado cómo crecía un sentimiento negativo de mi familia materna hacia mí, por culpa de mi abuelo.

—Es la mejor. Es muy inteligente, cariñosa, noble y muy buena estudiante. —Mi abuelo asentía con cada palabra que Matt utilizaba para describirme.

—Tienes toda la razón. No te quito ni una coma a esas palabras tan sinceras.

Mi abuelo comenzó a contarle batallitas de su infancia. La que más contaba y orgulloso estaba era cuando en la posguerra iba de contrabando en el vagón de equipaje de Jerez a Cádiz, y viceversa, para vender pan de forma ilegal, pues pasaban mucha hambre en esa época. Él solo tenía seis años y era todo un aventurero. Como único hombre de su casa, aprendió desde muy joven que tenía que hacer lo imposible para ayudar a buscar comida para su madre y su hermana. Una vez, se quedó dormido y se despertó muy lejos de casa. Un hombre lo encontró en el compartimento de equipajes y lo ayudó. Resultó ser el dueño de un circo que daba la vuelta a España. No podía llevarlo de regreso a su casa pues perdería mucho tiempo y dinero. Decidió ponerse en contacto con su madre y le ofreció alimentarlo y cuidarlo durante el tiempo que durara la gira por la península. Luego, lo llevaría de vuelta a su hogar. Como era de esperar, su madre aceptó encantada. Su hijo estaría en buenas manos y para ella era una boca menos que alimentar. Aunque sonara cruel, era un problema menos en esa posguerra que acababa con tantos españoles.

Matt escuchaba anonadado. Le interesaba todo lo que Juan le contaba. Y mi abuelo estaba encantado de tener a otro espectador para contar sus batallitas.

—No veas todo lo que aprendió en el circo, Matt —dije con gran expectación y orgullo. Me encantaba la historia del circo.

—Hijo, ¿qué te voy a decir? Allí aprendí muchas cosas: ayudaba a montar la carpa, cuidaba de los caballos, era el mozo de las señoritas del espectáculo. El maestro de ceremonias solo tenía hijas y le gustaba tenerme cerca para enseñarme ese mundillo. Lo disfruté mucho, pero al terminar el año, cumplió su promesa y volví a casa con mi familia. A mí no me hubiera importado seguir. Y estoy seguro de que el señor Jimeno habría estado de acuerdo —contaba con melancolía.

—Es una historia alucinante la que vivió usted, señor Juan —dijo Matt, alucinado.

—Llámame de tú, hombre —exclamó mi abuelo.

—Gracias, Juan.

—Bueno, ¿qué vais a hacer hoy? —preguntó de repente, dirigiéndose a mí.

—La verdad es que no lo sabemos, abuelo. Hemos venido en la moto. Queríamos ir al cine o comer algo, pero mi padre no tenía dinero, así que daremos un paseo.

—Toma, abre el periódico y mira qué películas ponen hoy.

—¿Para qué, abuelo? Si no tengo dinero. No insistas.

—Que lo abras y me digas qué película quieres ver —me ordenó con su guasa particular. No se le podía llevar la contraria a este hombre.

Obediente, como siempre, abrí el periódico y busqué la cartelera. Hacía poco que se había estrenado *Titanic*, y tenía muchas ganas de verla. Al llegar a la página en cuestión, había un billete de dos mil pesetas doblado a la perfección, camuflado entre los anuncios del periódico. Mi abuelo me guiñó un ojo y entendí lo que tenía que hacer. Lo cogí con disimulo sin que nadie se percatara de ello y me lo guardé. De tantas veces que me lo hacía, ya había cogido una práctica tremenda. Ni Matt ni Soledad se dieron cuenta de nada.

—Bueno, ¿qué? ¿Has visto algo? —preguntó con picardía.

—Pues no sé, abuelo —dije siguiéndole el rollo.

—Venga, ya es hora de iros a dar una vuelta o lo que tengáis que hacer los jóvenes.

Los dos nos levantamos tras dar por finalizada la visita. Mi abuelo era un hombre muy impaciente y le gustaban las visitas cortas. Adoraba la tranquilidad de su vida, y mucha gente en su casa durante un rato largo, lo alteraba. No podía evitarlo. Por lo que nos despedimos de él y de Soledad con un beso.

En el instante de cerrar la puerta, se escuchó a mi abuelo gritar:

—Ya hablaremos de ese pelo y esa ropa, muchachito —gritó mi abuelo en el instante previo a cerrar la puerta.

—No te preocupes, Matt, él es así. Intentará ponerte corbata y traje. Para mi abuelo es la mejor manera de vestir y la más elegante. —Me encogí de hombros.

—¿Yo de traje y corbata? —preguntó Matt, incrédulo.

Ambos comenzamos a reír a carcajadas escaleras abajo hasta llegar a la moto.

—Dirección el cine —anuncié mientras me ponía el casco.

—¡Pero si no tenemos dinero! —Mi chico me miró con desconfianza—. ¿Qué has hecho, Jimena?

—Luego te lo cuento. ¿Qué te parece si vemos *Titanic*? —pregunté tras darle un beso en los labios y agarrarme a su cintura. Esas dos mil pesetas nos darían para entradas, palomitas, y cenar en McDonald's. La noche perfecta.

Capítulo 17

—Te noto un poco triste, ¿ocurre algo? —me preguntó Matt, preocupado.

Llevaba unos días viéndome distraída. No sabía qué me ocurría, estaba menos habladora de lo normal y eso lo tenía en un sinvivir.

—Echo de menos a Chencha. Quedó en mandarme las señas de su nueva casa y que me llamaría, pero no ha hecho ni una cosa ni la otra —logré decir, alterada. Matt se encogió de hombros. No sabía qué decirme. Chencha estaría tan ocupada con su nueva vida que aún no habría podido sacar tiempo para contactarme—. ¡Somos como hermanas, jolín! —exclamé con rabia—. Yo no me hubiera olvidado de ella nunca. Ya sabía yo que no era buena idea lo del beso. —Me quedé muda. No había dicho ni una palabra a Matt sobre el beso. Esa parte de la historia la había omitido. No quería que pensara mal de ella ni de mí. Solo fue un beso tonto insignificante—. Lo he dicho en voz alta, ¿verdad? Lo siento. No tienes por qué preocuparte. No significó nada, en serio —me justifiqué.

—¿Un beso? —Matt frunció el ceño—. ¿Te diste un beso con Chencha y no me dijiste nada? No me lo puedo creer. ¿Cuándo pensabas contármelo? ¿Tan bobo me ves que crees que puedes mentirme? —No me gustaba cómo transcurría la conversación—. Me siento traicionado.

Pensaba que después del tiempo que llevábamos juntos, podíamos confiar el uno en el otro, pero parece ser que tú no piensas lo mismo.

—Escúchame, Matt. Te lo pido por favor. No te enfades sin haberme dado la oportunidad de explicarme. —Con voz entrecortada le supliqué que me escuchara. Sin demasiado convencimiento, Matt me hizo un gesto con la mano para que continuara—. Todo lo que te conté sobre el tema de Chencha es verdad. Lo único que omití fue el beso que me suplicó que le diera como despedida. Créeme, no te miento. Chencha lo estaba pasando muy mal. Me dijo que estaba enamorada de mí y que por mi culpa quería irse. Me sentía culpable por hacerla sufrir tanto, y me cogió con la guardia baja. Me insistió en darle un beso en los labios sin lengua como despedida y acepté. Para mí no significó nada, y para ella fue un poco de ilusión para afrontar su nueva vida. En serio, te digo la verdad. —Matt estaba confundido. No sabía cómo reaccionar—. Por favor, Matt, perdóname. No significó nada. Se lo debía a Chencha. Fue… —supliqué con lágrimas en los ojos.

—Chencha, Chencha, Chencha. ¿Y yo qué? Si hubieras pensado en mí no lo habrías hecho. Al menos yo nunca lo haría. ¿Cómo sé que ahora me dices la verdad? ¿Seguro que no pasó nada más? —Matt estaba fuera de sí. Se había sorprendido tanto que le entró tal enfado que no sabía ni lo que decía.

—No, no pasó nada más. Te lo juro. —Las lágrimas resbalaban por mi cara.

Matt me miró fijamente y observó la gran tristeza en mi mirada. Realmente estaba arrepentida, se me notaba. Pero su orgullo de hombre no lo dejaba ver más allá.

—Vale, Jimena, te creo. Ya está, no hablemos más de ello —sentenció.

—Pero…

—Dejémoslo estar, te lo ruego. Me ha sorprendido para mal, y lo estoy asimilando —logró responder Matt lo más sincero posible.

—Está bien. ¿Nos veremos esta tarde? —pregunté impaciente.

—Imagino que sí.

Se acercó a mí y me besó en la mejilla para despedirse.

La tarde pasó muy lenta. Esperaba ansiosa que Matt se pasara a eso de las cinco, como de costumbre, para estudiar juntos. Miré el reloj. Las siete. Me acerqué a la terraza en más de una ocasión con desesperación.

«¿Qué haces? Las tardes de mayo son más largas, Jimena, relájate. Todavía hay tiempo de sobra para aprovecharla». Suspiré. Tenía razón. Yo solita me lo decía todo, si no, ya tenía a Doña Porculera.

La ocho. Aún sin saber nada de Matt.

Cogí a mi perra y bajé al portal. Paseé con ella sin perder de vista la entrada de casa, por si aparecía.

¡Tengo el teléfono de su casa! Pero no me apetecía llamarlo allí, vaya que respondiese su madre. Por lo que decidí esperar. No estaba tan desesperada como para llamarlo, aunque no podía concentrarme en hacer los deberes.

«No te tortures, *gordi*. Si se ha enfadado, ¡que le den! Tú no has hecho nada». ¡Oh, no! Doña Porculera no me dejaría en un buen rato. Me santigüé. No tenía humor para soportar otra voz más en mi cabeza. A veces pensaba que esta vocecita aparecía en mi cabeza para decirme lo que no era capaz de asumir por mí misma. Era como una voz de mi subconsciente que me ponía en aviso de lo que pasaba o podía pasar. Pero no la quería escuchar.

«Venga, Jimena. Todo lo que piensas es cierto. Eres muy prudente. Piensas tanto en los riesgos de tus acciones que modificas tu conducta para no perjudicar a nadie. ¿Y qué ocurre con eso? ¡Que no vives! Por el amor de Dios, Jimena, piensa menos y actúa. Si te apetece llamarlo, lo haces, y si no, te pasas por su casa. En el amor hay que arriesgar».

—Tienes razón.

Al final, logró eclipsarme con sus reflexiones.

Sonó el timbre de la casa y me sobresalté. Estaba tan metida en la conversación que no me había dado cuenta que ya eran las nueve de la noche. Bajé las escaleras con mucha seguridad. Despacio. Con toda la tranquilidad que mi cuerpo me permitía. Ya era hora que pusiera en práctica los consejos de doña Porculera. Al fin y al cabo, él se enfadó solito. Si había decidido volver, sería por algo.

Toda mi dignidad se fue en un suspiro. Allí estaba Matt, acompañado por su inseparable amigo Kenny. Noté diferente a Matt. Tenía una mirada de hielo. No era el chico que yo había conocido.

—No tengo mucho tiempo. Solo quería decirte que voy a estar ocupado un tiempo. Quizá no podamos vernos. Tengo cosas que hacer con Kenny —me dijo con gesto serio.

Lo miré y me quedé bloqueada. ¿Por qué me hablaba así? Observé que Kenny sonreía de satisfacción. Disfrutaba de lo que estaba viendo, de eso estaba segura.

Incrédula, volví a mirar a Matt, y vi desconcierto en su rostro. No creo que fuera consciente de lo que decía. Era como si hubiera aprendido un discurso y lo hubiese soltado de golpe. Me quedé desconcertada. No entendía su actitud.

—Matt, ¿a qué viene esto? ¿En serio tenemos que hablar delante de tu amigo?

—Jimena, ya te dije que para mí mis amigos eran muy importantes. Así que la respuesta a tu pregunta es sí. —Me miró fijamente sin mover un ápice de su rostro.

—Está bien, si vas a estar ocupado lo entiendo. Cuando puedas, te acercas y hablamos más tranquilos los dos solos.

Ese «los dos solos» me salió con una guasa que ni yo me lo creía. Me sentía frustrada, desconcertada, atónita y sobre todo muy triste. Estos sentimientos me afloraban cuando no entendía algo. Y ese era uno de esos momentos. No entendía nada.

Me acerqué a darle un beso y se separó. Me sorprendió su reacción. Eso sí que no me lo esperaba. En una milésima de segundo me di cuenta que veía a Matt como un extraño, lo sentía tan cerca de mí que verlo así me dolía en el alma.

Con el poco orgullo que me quedaba, di media vuelta y subí las escaleras como alma que lleva el diablo. ¿Qué había sido eso? ¿En serio intentaba cortar conmigo y no había sido capaz? Excusaba su desconcierto ante lo que le conté, pero de ahí a que haya llegado a casa de esa forma, no me lo esperaba. Echaba tanto de menos a Chencha… En esas situaciones ella sabía qué hacer.

—¡Solo fue un beso, joder! —grité con todas mis fuerzas tapándome con la almohada.

Pero a este juego podíamos jugar los dos. Ni que yo fuera un juguete que cuando te aburres lo puedes tirar a la basura.

A la mañana siguiente, nos cruzamos por los pasillos. Al encontrase nuestras miradas, Matt hizo una mueca en sus labios a modo de saludo. Yo, muy digna, haciendo uso de todas mis fuerzas, lo miré y volví la cara.

Capítulo 18

Habían pasado un par de días, y nos manteníamos en nuestras trece. Jugábamos al ratón y al gato. Y parecía que iba a prolongarse más, aunque tengo que confesar que me costaba horrores mantenerme tanto tiempo sin hablar con Matt.

El viernes a la salida, Matt se me acercó en el instante justo que me subía a la moto.

—¿Ocurre algo? —solté al verlo llegar. Mi cara de pocos amigos habló por sí sola.

—Solo quería ver si podíamos vernos esta tarde —se preguntaba con voz apagada.

—¿Terminaste todos tus asuntos con tu amiguito? —Quise saber, y le miré de reojo.

En esos momentos, estaba que me subía por las paredes. En casa intentaba disimularlo, pero me salía un mal genio que ni yo me soportaba.

—Verás, de eso quería hablarte. Lo de la otra tarde… —Paró un instante mientras buscaba las palabras correctas—. Fue un error. Me pasé. Me dejé llevar por un mal consejo.

—¿Un mal consejo? No me vengas con esas chorradas, Matt —dije, molesta.

—Te lo digo en serio. Lo hablamos mejor esta tarde —insistió.

—Pues mira, va a ser que no. Esta tarde estoy ocupada. Ya nos veremos.

Me subí a la moto y al irme, dejé a Matt con cara de resignación. Se lo había buscado. No se esperaba esa reacción por mi parte.

Llegué a casa con sentimientos encontrados. Estaba enfadada pero también quería solucionarlo. Quería arreglar las cosas con Matt, aunque no podía ponérselo tan fácil. Este chico había cogido un rebote enorme por una tontería. Encima, ya que sabía que había hecho caso a su amiguito Kenny, peor me lo ponía. Lo mío con Chencha no había significado nada. Fue un piquito en los labios sin importancia. Lo ocurrido aquella noche no era para que Matt llevara su enfado a tal extremo.

El sábado por la tarde no paraba de pensar en Matt. ¡Lo echaba tanto de menos! Habíamos discutido por una tontería. Él se cegó, no escuchó nada de lo que pretendía explicarle. Demostraba que podía llegar a ser muy cabezota. Pero ese cabezota me había robado el corazón.

Necesitaba abrazarlo y olvidar esa tontería que tantos quebraderos de cabeza me había traído.

Haciendo fuerza de toda mi voluntad, descolgué el teléfono y marqué el número de la casa de Matt. Si tenía suerte, lo cogería él; y si no, su madre. Tenía que intentarlo. Así era el amor: o todo o nada.

Un timbre, dos, y al tercero oí la voz de Matt. Suspiré. Aunque cuando lo escuché, pensé que no me hubiera importado que respondiera su madre. Me quedé muda. ¿Por qué no me salían las palabras? Estaba muy nerviosa.

—¿Diga? —preguntó Matt.

—Eh… —Fue lo único que me salió. Tantas ganas de hablar con él, y me quedé muda. ¡Manda narices la cosa!

—Jimena, ¿eres tú?

—Sí. Solo quería saber si podemos vernos esta noche. —Dudé en si había hecho bien al hacer la llamada. Me quedé pensativa un momento. Me hubiera gustado que Matt insistiera un poco más, pero si soy sincera, tampoco le di opción.

—Lo siento mucho, esta noche he quedado con los chicos. Vamos a la discoteca Only night a pasar el rato —me contó, no muy convencido de sus palabras.

—¿Only night? Esa discoteca cerró hace unos meses. Y está tapiada —afirmé.

Ya había sembrado en mí la desconfianza.

—Estás equivocada, hemos quedado para tocar allí. Kenny conoce a uno de los encargados —continuó, creyéndose sus propias palabras.

Arqueé una ceja. Si me pudiese haber visto la cara que tenía en esos momentos, seguro que no hubiese seguido con su discurso.

—Yo juraría que está cerrada, pero vale, si tú lo dices… —respondí, dubitativa.

Matt no tenía por qué mentirme. Entre nosotros había confianza suficiente para hablar las cosas. Me autoconvencí. No había motivo para mentiras.

—Nos vemos mañana mejor. Un beso —finalizó Matt la conversación y colgó.

—Un beso a ti también —dije con el auricular del teléfono en la mano.

«Te está mintiendo. Pero tú misma, ya eres mayorcita».

—¡Jimena! Abre la puerta —gritó mi madre desde la cocina.

El timbre de casa acababa de sonar.

—Voy, mamá.

Me dirigí hacia la puerta de la calle y abrí. Ante mí, estaba mi prima Sandra, por parte de madre. Vivían en el piso de arriba y cada vez que estaba aburrida o necesitaba algo, bajaba a pasar el rato.

Estuvimos juntas en el colegio, y fueron unos años muy amargos para mí. A mi prima se le notaba cierta *pelusilla que, con el tiempo, iba en aumento. Intentaba, de todas las maneras posibles, dejarme en mal lugar. Y cuando lo conseguía, se alegraba por ello.

Todavía recordaba cuando éramos más pequeñas y volvíamos juntas del colegio. Si yo había sacado una mala nota o alguna profesora me había reñido, mi prima cambiaba el camino de vuelta a casa para llegar antes y ser la primera en contar el mal día que había tenido. Menos mal que mi madre siempre le quitaba importancia y la ignoraba para darme la oportunidad de explicarme por mí misma. Aun así, yo le tenía mucho cariño. Era una chica que podía llegar a ser muy divertida, y tenía un gran corazón. Aunque ella no sabía gestionar muy bien esas dos cualidades.

Muchas veces no entendía su comportamiento; y otras, en cambio, no me daba ni cuenta. Alguna que otra amiga me decía la intención de mi prima hacia mí, pero yo siempre le quitaba importancia. Soy muy empática y siempre justifico las acciones de los demás, aunque me dañen por el camino.

—¿Qué pasa, Sandra? —Abrí la puerta de casa y mi prima se encaminó hacia mi habitación. Como había intuido, mi prima tenía uno de esos días en los que se sentía aburrida, y decidió agradarnos la tarde con su presencia—. ¡Mamá, es Sandra! Ha bajado a pasar el rato —dije a mi madre antes de entrar en mi habitación.

Sandra se sentó en la cama y me miró fijamente en busca de chismorreos. Yo no estaba para tales tonterías. El cotilleo siempre me pareció una pérdida de tiempo. Y más, esa tarde. Mi mente estaba en Matt. Se me había quedado un mal sabor de boca con la conversación que habíamos tenido. No tenía cuerpo para aguantar las impertinencias de mi prima, pero no me quedaba otra.

—¡Oye! ¿Qué tal con Matt? Ya me enteré que se lo presentaste al abuelo. Seguro que no le ha gustado nada. Me imagino la cara que puso al conocerlo. —Se escuchó una risa denigrante que tenía la única intención de ridiculizar a Matt—. Se quedaría a cuadros, que su nieta favorita tuviera un novio… así. ¡Lástima que me lo perdí!

—¡Ya, Sandra! Déjalo. Hoy no lo vas a conseguir —dije, sin ganas de aguantarla. No dejaba de pensar en lo de la discoteca que me había comentado Matt.

—Cuéntame, ¿qué te dijo el abuelo? Tengo una curiosidad que me corroe —pidió Sandra con mucha impaciencia—. ¡Anda, dime!

—Nada, ¿qué va a decir, Sandra? Se presentó a Matt, le hizo algunas preguntas y luego contó alguna de sus batallitas, concretamente la del circo. Y nada más. ¿Contenta?

—Pues cuando fui con mi novio me dijo que no se lo presentara, que ya lo conocería más adelante. —Sandra estaba incrédula.

—Y yo qué sé, Sandra —solté, sin más. Estaba distraída en mis cosas.

—Bueno, me alegro por ti. —A Sandra se le notaba su *pelusilla* habitual. Intentó ser agradable, aunque no le salió. Su carácter era un poco singular. En el colegio la llamaban *cara de ajo*, y a Jimena le hacía mucha gracia.

—Oye, ¿el Only Night sigue abierto o cerró? —pregunté con curiosidad. No podía pensar en otra cosa, ni si quiera prestaba atención a mi prima.

—¡Ay, Jimena! Siempre tan antigüita. Como no sales, no te enteras de nada.

—Sandra, ¿puedes contestarme y dejar tus comentarios para otro momento? —Me empezaba a alterar por segundos.

—Hija, ¡cómo estás hoy! Pues el Only Night cerró hace unos meses. Y encima le tapiaron la puerta porque se metían vagabundos.

—¿En serio? —Estaba angustiada. Sabía que me había mentido.

—¿Quieres ir y lo ves con tus propios ojos? —preguntó Sandra al verme la cara perpleja que se me había quedado—. Parece que has visto un fantasma, hija.

—Venga, vale. Vamos en tu moto y nos pasamos por allí. Pero ni una palabra a nadie, ¿entendido? —Sandra aceptó encantada.

Al llegar allí, observé asombrada que mi prima tenía razón. Matt me había mentido. ¿Por qué? Esa pregunta me taladraba la cabeza.

—¿Te has quedado tranquila? *Ea*, vámonos. Estás de desconfiada que no te aguantas ni a ti misma, guapita.

Sandra arrancó la moto y llegamos a casa. Nos despedimos en la escalera. Yo me quedé en la primera planta y mi prima subió a la segunda. Al parecer, ya se le había pasado el aburrimiento, y decidió marcharse.

—¡Ya me contarás qué te pasa! —exclamó escaleras arriba.

«A ti te lo va a contar, *cara de ajo*», soltó Doña Porculera.

Eran más de las diez de la noche. La casa se me caía encima. No me distraía con nada. Mis pensamientos eran los protagonistas. Estaba intranquila. No sabía qué hacer. Si Matt no estaba en la discoteca, ¿dónde estaría?

Sin pensármelo dos veces, cogí a mi perra Lina con la excusa de pasearla y me acerqué a la casa de Matt. Al llegar, vi que había luz y se escuchaba mucho ruido. Con gran firmeza, llamé a la puerta. No sabía por qué fui hasta allí, pero algo me decía que tenía que hacerlo. Esperé unos segundos y la puerta se abrió. Era Matt. Al verme, se quedó perplejo.

—Hola —dije con gran serenidad. Mi voz sonaba grave, suave, tranquila. Pero mi corazón latía a mil por hora.

—Hola, Jimena. —La voz de Matt sonaba temblorosa. No se esperaba que apareciera así, sin avisar—. ¿Qué haces aquí? —preguntó, asombrado.

Al parecer, la noche iba de sorpresas.

—Vengo de tomar una copa en el Only Night y he pensado: Jimena, ¿por qué no vas a ver a tu chico y lo felicitas por la actuación?

Por segundos, mi enfado iba *in crescendo*[15]. Mi tono de voz no podía disimular el cabreo tan grande que tenía. Mis manos comenzaron a sentir hormigueo, palpitaciones aceleradas y una opresión en el pecho que nunca había sentido. En una sola palabra, me sentía traicionada.

—Te lo puedo explicar, escúchame —imploró Matt.

—¿Explicar? ¿Me quieres explicar por qué me has mentido? ¿O por qué me has hecho sentir como una mierda por algo insignificante? O no, espera, algo aún mejor, ¿por qué eres gilipollas? —Ya no pude parar. Estaba muy enfadada. Las palabras salían por mi boca, sin frenos.

---

[15] aumento progresivo de algo.

Matt me miraba helado. Se había quedado sin palabras. Su rostro le delataba inquietud. Y el mío, en cambio, reflejaba rabia e impotencia.

—¡*Ey*, estabas aquí! —exclamó una voz femenina.

De repente, una chica morena de melena larga sale de la casa de Matt, interrumpiendo nuestra discusión. Se abrazó a su cuello y le dijo algo en el oído. Me quedé alucinada. ¿Quién sería ella? Veía demasiada confianza entre ellos. Decidí sacudirme la cabeza como solía hacer para despejarla. No podía sentirme mal por algo que no sabía con seguridad. Recordé lo que me decía mi madre: «De lo que te digan, no creas nada, y de lo que ves, solo la mitad».

Matt se quedó paralizado y cuando pudo reaccionar, se la quitó de encima. Le espetó que lo dejara tranquilo. Pude oír cómo le dijo que pasaba de esas movidas.

La chica lo miró, lo besó en los labios y le dijo:

—Te espero dentro. —Dio media vuelta y se marchó.

Me quedé boquiabierta por lo que acaba de ocurrir. Agarré con tanta fuerza la cadena de mi perra Lina que me hice daño en la mano, y comencé a caminar con la mirada perdida.

—¡Jimena, espera! No es lo que parece. Es un malentendido. ¡Créeme!

—Déjalo —logré articular con un hilo de voz.

Las lágrimas salían solas tímidamente a través de mi voz. Intenté no llorar, lo juro, pero me sentía traicionada. No volví la vista atrás.

Deambulé solitaria con la única compañía de mi perra. Me acosté al llegar a casa e intenté descansar en vano.

Matt

La dejé con todo el dolor de mi corazón, pero sabía que no podía culparla por no escucharme. Me sentía mal. Yo lo había comenzado todo. Entendía que no quisiera ni verme, en esos momentos yo tampoco podría mirarme ni al espejo. Se me había acumulado todo: la discusión con mi madre, el beso con Chencha y los consejos de Kenny.

Entré enfurecido a la casa y cerré con fuerza la puerta de la calle.

—¡Todo el mundo fuera de mi casa! ¡Ya! —grité con todas mis ganas.

Los chicos se sorprendieron al escucharme gritar y ver mi rostro furioso. Se acercaron a mí. Todos menos Kenny, que tonteaba con la chica morena. La tenía sentada encima y jugueteaba con sus pechos. Ella se dejaba hacer.

—He dicho fuera. Y eso también va por ti, Kenny. —Lo miré con rudeza.

Kenny se levantó envalentonado hacia mí y me espetó:

—¿Todo esto por esa puta pija?

Sin pensármelo, le propiné un puñetazo que hizo que se cayese.

—Dilo otra vez y te rompo esa cara de emporrado que tienes.

—No te olvides que antes estamos los colegas. Las tías solo son un *coñito* que viene y va —dijo Kenny con sorna.

—Lleváoslo u os juro que le hago una cara nueva a este desgraciado.

Kenny cogió sus cosas y salió de la casa. Pero antes de poner un pie en la calle, le dije:

—No vuelvas a mencionar a Jimena en tu vida o te juro que…

—Venga, dejadlo estar —pidió Rubén, que intentaba poner paz entre ambos—. Matt, te entiendo, tío. Estás cabreado con razón. Relájate y soluciónalo con Jimena. Es una buena tía. Y tú —dijo mirando a Kenny—, ya te vale. La lías allí donde vas. ¡Si dejaras de fumar porros te iría mejor!

Asentí a mi amigo Rubén y, tras salir todos de mi casa, cerré la puerta y me dejé caer en ella. La había liado y bien. No quería echar a perder lo que tenía con Jimena, era la única persona que me hacía sentir a salvo.

«Tengo que hacer todo lo posible por no perderla», pensé.

El teléfono sonó, un timbre, dos, tres, cuatro. Colgó.

—Jimena, ¿no has oído el teléfono? —Mi hermano salió empapado de la ducha con la toalla a medio poner—. Pero ¿qué te pasa? Llevas de un raro desde el sábado que no hay quien te aguante. —Volvió a entrar en el baño.

De nuevo, sonó el teléfono. Lo oía sonar, pero como si escuchara llover. No sentía ninguna curiosidad por saber quién llamaba.

—¡Vale, vale! Ya voy yo. Lo pillo. —Lucas salió de nuevo. Cogió el teléfono y, esta vez, llegó a tiempo—. ¿Diga? ¡Hombre! ¡si eres tú! —exclamó contento. Se notaba que Matt le caía bien—. La voy a buscar a ver si tú haces algo, porque lleva un par de días que parece un alma en pena. —Fue en mi dirección y con voz dulce me dijo—: Matt está al teléfono. Te está esperando. —Lo miré fijamente—. ¿Te pasa algo que yo deba saber? ¿Ha ocurrido algo con Matt? —preguntó activando su mecanismo de protección fraternal.

—¡Qué va! Es que me encuentro fatal, como si estuviera incubando algo —respondí para esquivar la verdadera respuesta.

—Puede ser eso. Tienes mala cara. ¡Ay, mi niña! —Se acercó a mí y me dio un beso en la frente—. Fíjate que te noto hasta caliente.

Sonreí. Mi hermano es un sol. No me gustaba mentirle, pero eso era algo que tenía que solucionar primero con Matt. Luego, lo hablaría con él. Me levanté y caminé inquieta hacia el teléfono.

—Hola. —Mi voz sonaba retraída.

—Jimena, soy yo. Solo quiero que me dejes hablar un segundo —suplicó.

—¿Hablar? ¿De qué?

—Jimena, por favor.

—Quizá tu nueva amiguita quiera hablar. A mí no me apetece.

Notaba cómo mi enfado volvía, al recordar lo ocurrido. Solo de acordarme de ese momento, me encendía como una estufa.

—Entiendo que estés enfadada. Pero por favor, escúchame. Solo un segundo.

—Vale, tú dirás. —Me resigné.

Lo dejé hablar, ya que tuvo la delicadeza de llamar. Le di la oportunidad de explicarse.

—Voy a estar fuera unos días.

—¿Te vas de Jerez? —pregunté alarmada.

—Sí. Verás, me llamaron anoche y… —Se calló un momento. Se hizo un silencio incómodo.

—Matt, ¿estás ahí?

—Es mi amigo de Sevilla, ¿te acuerdas que te hablé de él?

—Sí, lo recuerdo. ¿Ha ocurrido algo?

—Falleció anoche en un accidente de tráfico.

—¡Oh, Matt, lo siento mucho! —Ojalá hubiese estado con él para consolarlo.

—Lo sé, Jimena.

—¿Qué le ha pasado?

—Iba en el coche con su padre y su hermano, y otro coche se saltó un Stop y los arrolló. Necesito ir a visitar a la familia y estar con ellos. Todos se portaron muy bien conmigo cuando viví allí. Quería que lo supieras. —La voz se le quebró. Cogió aire y continuó como pudo—. Lamento tanto lo del otro día que no puedo dormir. Necesito que arreglemos esto.

—Ya hablaremos en otro momento. Ahora necesitas estar con ellos.

—Piénsalo, por favor. Regresaré el miércoles e iré a buscarte.

—Matt, ya hablaremos. Ahora estás muy afectado por la noticia que has recibido.

—Dime que me esperarás. Solo necesito escuchar decírtelo.

—Matt, yo…

—Jimena, escúchame. Fui un idiota. Me porté fatal contigo. Lo hablaremos a la vuelta, ¿te parece? —preguntó.

—De acuerdo. Te esperaré —respondí con una sonrisa.

—Recuerda una cosa: «Siempre serás mi primera vez». —Sonaba más relajado.

—Y tú la mía. —Me sentía más animada.

—No podía faltar mi primer enfado de enamorado —comentó con tono gracioso para hacerme reír. Mi risa podía escucharse a través del teléfono. Oír mi carcajada lo llenó de alegría. Se oyó de lejos un altavoz que avisaba de la llegada del tren—. Es mi tren. Tengo que irme. Te echo mucho de menos —dijo Matt a modo despedida.

—Yo a ti más. Te esperaré siempre.

Ambos colgamos el teléfono. Y yo, abrazaba el teléfono, pensé: «en el fondo no he mentido a Lucas, estoy enferma, pero enferma de amor». Mi mirada sonreía con luz propia.

Llegó el miércoles y me levanté más temprano de lo habitual. Me acordé de que Matt no me había dicho si iría o no a clase, así que solo me quedaba esperar.

La jornada escolar pasó muy lenta. Matt no apareció por clase. Su asiento estaba vacío. Cada vez que miraba para su sitio, lo extrañaba más aún. ¡Qué ganas tenía de verlo! Todos esos días se habían hecho eternos.

Cuando llegué a casa, mi madre me recibió con una carta en las manos. Me comentó que no tenía remitente, pero que ponía que era para mí. Nerviosa, la cogí y me fui hacia mi habitación. Una vez allí, con manos temblorosas, la abrí. Reconocí la letra de Matt al instante.

Querida Jimena:

Hemos quedado en vernos esta tarde, pero por si se me olvida algo de todo lo que quiero decirte, te escribo esta carta.

Ante todo, me disculparé por mi actitud de estos días. No sé qué me pasó cuando me contaste lo del beso con Chencha. Ni yo mismo me lo creo. Como bien decías era una estupidez sin importancia, pero yo sentí que te perdía. Me volví loco.

Siempre he vivido de aquí para allá. He tenido una madre y un hermano, pero no un hogar. Toda mi vida he estado solo y me he sentido más solo todavía.

¿Recuerdas que te comenté por teléfono que la familia de Ezequiel se portó muy bien conmigo? Resulta que, al par de semanas de estar viviendo allí, mi madre decidió irse de viaje. Ya sabes, uno de sus viajes para promocionar su obra. Yo apenas conocía a esa familia. Eran vecinos del bloque y su hijo coincidió conmigo en clase. Poco más. Esos fueron dos motivos suficientes por los que mi madre los eligiera para que me echaran un ojo por las noches y me pusieran un plato de comida todos los días. La madre de Ezequiel fue un sol. Prácticamente pasé ese mes más tiempo en su casa que en la mía. Me dolió mucho que nos mudáramos de nuevo.

Mi madre es la número uno en desestructurar mi vida, ¿sabes? Mi hermano, en cambio, al no estar nunca en casa, se evita todos estos malos rollos.

Al contarme lo del beso, sentí como si te burlaras de mí. Te estás convirtiendo en alguien muy importante en mi vida y no sabría cómo gestionar si me mintieras. Ahora sé que me equivoqué. Me cegué. No vi más allá. Los consejos de Kenny no me ayudaron a aclararme, más bien me enfurecieron y actúe de forma incorrecta contigo.

Quiero que sepas que esa chica que viste, la conocí esa noche. Y no estaba allí por mí, estaba por Kenny. Fue él quien la mandó a la puerta para provocar tensión entre nosotros.

Todo esto que te cuento no son excusas, son palabras de un desesperado que desea con todo su corazón que el amor de su vida lo perdone. Ese desesperado soy yo, por si no te habías dado cuenta.

Te echo mucho de menos, Jimena. Quiero estar contigo. Dame la oportunidad de intentarlo de nuevo.

Matt.

PD: Mi primera carta de amor también es contigo. El universo me sonríe.

Pasaré sobre las cinco a recogerte.

Sonreí como una boba enamorada. Sabía que no era normal cómo actuó Matt. Estaba bajo mucha presión con el tema de su madre. Además, su amigo no le había puesto las cosas fáciles. No lo excusaba, solo intentaba entenderlo.

Apreté la carta contra mi pecho y me sentí feliz y tranquila. Ahora me encajaban algunas cosas.

 Capítulo 22

Los nervios podían conmigo. Me arreglé concienzudamente y me senté a leer un libro. Pero mi mente deambulaba pensando en ese chico de pelo rizado que me tenía hipnotizada.

Cuando sonó el timbre, pegué un salto de la silla. Me despedí lo más rápido posible y corrí escaleras abajo. Allí estaba él. Tan guapo como siempre. Su cara cuadrada y nariz aguileña le hacían resaltar su rostro varonil. El pelo lo tenía suelto, y sus rizos negros le resbalaban por la cara. Vestía un jersey a la caja color mostaza, unos vaqueros, y sus inseparables botas Panama. Estaba guapísimo.

Abrí la cancela con una sonrisa tímida. Esperaba ansiosa que me respondiera, y así fue: Matt me miró y me sonrió. Me cogió la mano, tiró de mí para acerarme a él y me besó. Me besó con pasión. Se separó con disgusto para poder hablarme.

—Necesito que me perdones. Necesito oírtelo decir —me dijo con ojos suplicantes.

—Te perdono, Matt. No te tortures más. Todo está olvidado —respondí a su ruego devolviéndole el beso.

Caminamos cogidos de la mano por las calles de la ciudad. Hablamos tranquilamente, nos besamos a cada paso que dábamos y arreglamos todos los malentendidos.

Al llegar a casa de Matt, me invitó a entrar. Recelosa por lo que pudiera encontrarme, me frené en la puerta.

—No te preocupes, no está. Se fue a uno de sus viajes y tardará unos días más en llegar —me explicó Matt al ver mi cara de preocupación.

Me relajé y entré más tranquila. Subimos a la primera planta. Allí se encontraba el salón principal, el dormitorio de su madre y un baño para compartir. El salón estaba decorado de estilo moruno. Tenía un sofá hecho con hierro y una mesa con dibujos de la vida del Rey Salomón. Un espejo muy grande decoraba la pared principal, y un par de estanterías a juego. Todo estaba decorado con *pufs* y cojines de colores de estilo marroquí. Además, un sinfín de plantas amenizaban la sala con un agradable color verde.

—Siéntate aquí —pidió Matt, invitándome a sentarme en el sofá—. Podemos ver una peli juntos.

Le sonreí, sabiendo a lo que se refería, o al menos intuía.

—Será nuestra primera peli de sofá.

Y los dos nos reímos alegremente. Solo con mirarlo podía adivinar lo que quería.

—Necesito ir al baño.

—¡Claro! Es la puerta de la derecha.

Iba con curiosidad por su casa. A pesar de ser una casa céntrica y jerezana, parecía que estaba en otro mundo. No tenía nada que ver con la mía. En el pasillo, solo había dos puertas: el dormitorio principal y el baño; una frente a la otra. A lo largo del pequeño recorrido que llegaba hasta el baño, observé un armario hecho de obra, con cortinas coloridas que tapaban la ropa. Al entrar al baño, observé que continuaba la misma decoración del salón. Estaba lleno de azulejos blancos y muchas plantas por todas partes que algunas incluso colgaban del techo. A modo de mueble, habían reciclado una antigua lacena. Le habían quitado las puertas y decorado sus estanterías. Allí pude observar todos los productos de cosmética natural que la madre de Matt utilizaba. Incluido los de él. Nerviosa, me lavé las manos antes de salir. No sabía por qué, pero tenía la sospecha de que algo especial estaba a punto de ocurrir.

Al volver al salón, vi que estaban las cortinas corridas y pequeñas velas blancas amenizaban la sala con colores cálidos y sensuales. Se respiraba pasión en el ambiente. Nos miramos y pudimos sentir el deseo en los ojos del otro. No podíamos dejar de mirarnos. Era nuestro momento.

Matt, con un gesto, me invitó a acercarme. Me sentía como en una nube. Nerviosa, le sonreí. Desde el primer momento, me atormentaba una sola cosa: ¡no sabía cómo ser *sexy*! Matt tenía diecinueve años y estaba segura de que ya habría estado con alguna chica, pero para mí todo era nuevo. No sabía qué hacer. Me sentía torpe.

—Voy a poner un *cassette* que he preparado pensando en este momento. —Su voz sonaba muy sensual y seductora.

Asentí y lo seguí con la mirada acercarse a la minicadena de música. Empezaron a sonar los primeros acordes de una guitarra acompañada de una voz en inglés que rebosaba romanticismo. Era una canción ideal para ese momento. Matt lo tenía todo pensado.

Me cogió por la cintura y se acercó más a mí. Comenzamos a bailar despacio al ritmo de la canción. Nuestras miradas estaban hechizadas. Ambos estábamos excitados y ansiosos de poseer al otro. Nos acariciamos lentamente y me dejé llevar entre sus brazos. Nos mecíamos, fusionados, al ritmo de la música, como si fuéramos una sola persona.

—La canción que suena es la banda sonora de la película *Don Juan de Marco.*

—Ajá. —Suspiré. Sentir sus labios tan cerca me hacían perder el sentido común.

—Se titula *Have you ever really loved a woman?*, y la canta Bryan Adams.

Nos miramos y nos besamos tan despacio que sentí arder nuestros cuerpos. Un beso llevó a otro y a otro. Nos separamos jadeantes y, mirándonos con deseo, asentí dándole permiso para continuar. ¿Para qué posponerlo más? Los dos queríamos hacerlo desde hacía tiempo. No iba a dejar pasar esa oportunidad.

Matt entendió a la perfección el gesto que le hice. Comenzó a desabrocharme un botón, muy despacio, mientras me miraba y me decía de forma muy sensual:

—La canción dice así: *Para amar realmente a una mujer, para entenderla, tienes que conocerla profundamente.*

La voz de Matt sonaba seductora, me tenía hechizada con sus palabras. Mientras recitaba la canción, sus dedos, con gran habilidad, me desabrochan la camisa, botón a botón, hasta dejarme con el sujetador a la vista.

Nos miramos con deseo. Podíamos vernos desnudos a través de los ojos del otro. Yo, torpemente y temblando de nervios, logré quitarle la camiseta. Él, tranquilo, me observaba.

—Tranquila, amor. Déjate llevar —me dijo mientras me miraba a los ojos.

—Es mi primera vez —susurré con un hilo de voz y agaché la cabeza, avergonzada.

Matt levantó mi barbilla.

—Para mí también, Jimena. Intento que no se me note, pero me da que no lo consigo. Eres la primera chica con la que voy hacer el amor.

Entonces, me relajé y lo besé. Esas palabras me dieron seguridad.

—Nuestra primera vez. —Lo miré y le guiñé un ojo.

Nuestras manos volaban por el cuerpo del otro. Nos desnudamos. Al sentirme desnuda frente a él, me avergoncé y me tapé los pechos. Matt me retiró los brazos con mucho cuidado. Me los acariciaba para luego distraerse jugando con mis pezones. Noté cómo reaccionaban a sus caricias y se endurecían. Jadeé de placer.

—Eres preciosa, Jimena. Me tienes loco.

Me cogió en brazos y me llevó al sofá. Allí, me besó. Recorrió mi cuerpo bajo mi mirada tímida. Poco a poco, la humedad de sus labios y el tacto de su lengua en mi cuerpo comenzó a liberarme. Quería más. Me besó por el cuello, pechos, ombligo, piernas… hasta que se detuvo en la zona prohibida. Acarició mi clítoris, muy despacio, con la yema de su dedo índice. Esos pequeños círculos hacían estremecerme. Mi vagina se humedeció suplicando más.

Escucharme jadear lo volvía loco. Matt bajó hacia mi vulva y la besó suave y lentamente, usando poca presión. Nunca había sentido algo así. Atrapó el clítoris entre sus labios y lo chupó con suavidad. Notó cómo mi vagina estaba muy húmeda, y aprovechó para acariciarla. Sus dedos se movían con seguridad. Volvió a estimular el clítoris. Dos de sus dedos se entretuvieron en la entrada de mi cavidad. La rodeó y penetró solo la punta de uno de ellos. Poco a poco lo introdujo más en profundidad.

Disfrutaba tanto viendo cómo me estremecía de placer, que su erección iba a más. Los dedos de Matt entraron con lentitud. Mientras me penetraba con movimientos circulares, su otra mano acariciaba mis senos, mis labios, y aprovechaba para introducirme un dedo en la boca para que lo chupara y succionara a la vez.

Me agarré a la armadura de hierro del sofá mientras Matt jugaba con mi vagina. Me mordí el labio inferior y cerré los ojos. Matt me miraba y, no aguantando más, despacio, retiró sus dedos y se acercó a mí con un poco de torpeza. Se puso encima e introdujo poco a poco su miembro erecto. Lo recibí húmeda, deseosa de sentirlo. Despacio, me penetró, mientras nos mecíamos al mismo compás.

De repente, sentí una punzada que me hizo dar un grito de dolor. Matt me miró y calmándome, me dijo:

—Tranquila, solo es el principio. O eso creo. Relájate y, si no puedes, lo dejamos aquí.

—De acuerdo.

Poco a poco sentía menos dolor hasta el punto de desaparecer. Volvió el placer. Un placer intenso del que necesitaba más. Imploré que continuara. Le rogué más. Me agarré a su espalda y Matt, más tranquilo, comenzó a bucear en mí. Su pene duro y húmedo me volvía loca y él, a sabiendas que así era, se enorgullecía.

—*Do you like it, little dragonfly?*

Ajena a cada palabra que me decía, y deseando más de él, no le contesté. No podía contestar en ese momento. Su voz, cuando me hablaba en inglés, conseguía volverme loca. Jadeaba de placer. Besé sus labios, que me respondieron con deseo. Sus penetraciones subían de velocidad. Entre los dos, encontramos nuestro ritmo. Unidos como si de un solo cuerpo se tratara, Matt me hizo sentir poderosa. Nos miramos y nos hablamos con la mirada. A punto de llegar al clímax, cerré los ojos.

—Abre los ojos, quiero verte. Quiero emborracharme con tu mirada —me suplicó, jadeante.

Los dos llegamos al clímax. Exhaustos. Me miró y le sonreí. Fue la mejor experiencia de mi vida. Lo besé con pasión. Entre besos y caricias, tumbados en el sofá, me fijé en una cicatriz que tenía en la frente en forma de J.

—¿Esta cicatriz es una J? —pregunté curiosa.

—Sí. Es una J. Me la hice de pequeño cuando pasé la varicela, al quitarme un par de postillas. Ya ves, el destino es caprichoso. Me estaba avisando que te pondría en mi camino —bromeó.

—No seas bobo —respondí con dulzura.

Entre risas, volvimos a besarnos y a poseernos. Sin vergüenzas. Solo él y yo.

—Te quiero, Jimena. —La mirada de Matt no mentía. Sentía lo que estaba diciendo.

—Yo a ti más.

Lo abracé, lo besé y lo rebesé.

Camino a casa, fuimos cogidos de la mano. Nos abrazamos, nos besamos en cada esquina, en cada portal. La noche estaba perfecta. Todo era tan agradable, tan romántico, que todavía no me lo podía creer.

Me rondaba una duda. Desde que se lo oí decírmelo no dejé de pensar en ello.

—Matt, ¿por qué me llamaste *my little dragonfly*? —pregunté en mitad de la calle.

—Porque eres *my little dragonfly* —afirmó con semblante serio.

Se acercó a mí, me besó e hizo que yo me derritiera.

—Algún día tendrás que decírmelo —le solté, juguetona.

Al llegar a casa, no queríamos despedirnos. Lo vivido esa tarde fue increíble. Me besó, lo besé y otra vez nos encendimos.

—Es tarde y me van a reñir. Te espero mañana a la misma hora.

—De acuerdo, amor.

Se volvió hacia la puerta, se puso sus cascos y, con las manos en los bolsillos, comenzó a caminar hacia su casa. Me quedé mirándolo hasta que lo perdí de vista. Así que, eso era lo que se sentía al estar enamorada. ¡No estaba nada mal!

Capítulo 23

A las tres de la mañana me levanté de sobresalto. Pero ¿qué había hecho? Me senté en la cama. Acababa de acordarme de que no usamos preservativo. Empecé a hiperventilar. Me regañé a mí misma una y otra vez. Fui tonta, muy tonta. ¡Solo tenía dieciséis años, joder! Tenía que hablar con Matt. ¡Él tampoco se acordó de usarlo! Fuimos unos inmaduros. Aunque quizá no pasase nada. Tenía que ponerme con la regla en tres días. Solo tenía que esperar esos malditos tres días y saldríamos de dudas.

«Jimena, no va a pasar nada. No te preocupes. Quédate con lo bonito de ayer», habló doña Porculera para tranquilizarme.

—¡Y una mierda! —contesté—. ¿Cómo he podido ser tan imprudente? Me tomé al pie de la letra eso de dejarme llevar y ¡mírame ahora!

«No te alarmes tanto, aún no sabes si ha ocurrido algo».

Decidí poner fin a este vergonzoso diálogo. Si hubiese seguido, hubiese estallado en llanos. Cuando no podía controlar los acontecimientos, me ponía muy nerviosa y me frustraba tanto que no veía más allá.

A la mañana siguiente estaba en el sitio de siempre, pero no a la hora de siempre. Llegué media hora antes. No podía contactar con Matt, así que decidí ir a su casa y esperarlo por allí, así me relajaba por el camino. Cuando lo vi salir, me fui directa hacia él. Cada minuto que pasaba, más intranquila me sentía.

—¡Qué susto, Jimena! ¿Por qué no me has dicho que ibas a venir a casa? —Se sobresaltó y al fijarse en mi cara, me preguntó, asustado—: ¿Ha pasado algo?

—Sí, sí que ha pasado, Matt. —Me puse a llorar como una niña pequeña.

—Tranquilízate y cuéntame qué ha ocurrido. —Intentó consolarme con su dulce voz.

—Ayer no usamos preservativo. Y no lo hicimos una vez, lo hicimos dos veces.

Con los dedos hice el gesto del número dos, y para darle más dramatismo, no paraba de mecer la mano a toda velocidad. A veces podía ser muy dramática, pero es que el asunto era de suma importancia.

Entonces, me miró y cayó en la cuenta de lo que le contaba. Su cara empezó a desencajarse. Se puso blanco como la nieve.

—Ay, Jimena, que los había comprado y los tenía preparados, pero la excitación del momento hizo que se me olvidara —lamentó.

—¿Ahora qué hacemos? Aún me quedan tres días para que me baje la regla.

Mi cara era un poema. De no dormir nada por la preocupación, tenía ojeras y la piel más blanca de lo habitual. Parecía que estaba enferma.

—¿Te arrepientes? —preguntó mirándome a los ojos.

Su pregunta me cogió fuera de lugar. No me lo esperaba. Por supuesto que no me arrepentía, pero al no poner medios, podría meterme en un buen lío.

—Nunca —contesté mientras le miraba fijamente.

—Yo tampoco.

Ambos sonreímos más relajados. Nos dimos cuenta de que estábamos juntos en todo esto.

—Entonces, esperaremos. ¿Para qué vamos alarmarnos antes de tiempo?

—Ya. Sé que hay que esperar, pero estoy muy preocupada.

—Quédate con una cosa: mi primer gran susto ha sido contigo.

Comenzamos a reír de manera involuntaria, provocada por toda esa emoción que vivíamos. Me resigné. No podía hacer más que esperar. Matt tenía razón. En tres días lo sabríamos.

Capítulo 24

Esos tres días nos sirvieron para conocernos más. Estábamos cada día más conectados. Hablamos de nuestras vidas, de la familia, de nuestros sueños…

—¿Te gustaría venir algún día a New York conmigo?

—¿Estás de coña? Me encantaría. Sería alucinante.

Mi cara de fascinada era hasta cómica. Me imaginaba que la tendría así como Bugs Bunny cuando se le caía la cara al suelo y le saltaban los ojos.

—¿Dónde me llevarías? —pregunté, curiosa.

—No conozco mucho la historia de mi ciudad, pero mirándolo por el lado bueno, allí tampoco hay tanta historia como en España, así que me es más fácil estudiarme algo rápido antes de llevarte, así sería tu guía turístico particular.

—Me gusta eso de guía turístico particular. Te imagino muy *sexy*. Eso sí, si usas un paraguas o una banderita para que no me pierda, lo llevas claro. Adiós a lo *sexy*.

Los dos entramos en un ataque de risas al imaginarnos cómo sería la situación. El paseo finalizó en la Alameda Vieja. Nos sentamos en el

Patio de los Naranjos. A un lado, teníamos la majestuosa muralla del Alcázar; y al otro lado, la Catedral.

—¿Por qué tu hermano está en un internado, Matt? —Rompí el silencio cómodo.

—Mi hermano tiene una minusvalía. De pequeño, enfermó de meningitis. La medicación que recibió le quemó el tímpano, y lo dejó sordo. Él tenía dos años —me respondió con mucho gusto y gran parsimonia.

—¡Qué pena! Lo siento mucho, Matt. —Me entristeció oír eso.

—Nos dimos cuenta cuando pasó el camión de los bomberos. —Recordó, melancólico—. Teo era un niño muy inquieto, siempre que escuchaba la sirena, corría hacia la terraza para ver pasar el camión. Ese día, mi madre se sorprendió de que no se moviera cuando la sirena sonó. Preocupada, fue a la cocina, cogió unas tapaderas de sartenes y empezó a golpearlo como platillos detrás de él. Con lágrimas en los ojos, se resistía a creerlo, y seguía haciendo cada vez más ruido. Me acerqué a ella, le quité las tapaderas, y me abrazó llorando. Mi abuela y ella lo llevaron al hospital, y allí confirmaron lo que ya intuíamos. Mi hermano no volvería a escuchar nunca más. Desde entonces, siempre nos hemos movido de un lugar a otro, huyendo de mi padre, como bien sabes. Mi abuela Leire se encargó de sus gastos para que tuviera una buena educación en colegios especializados. Ahora, se encuentra en un internado de Madrid. Cuando venga este verano, lo conocerás.

Me acarició la mejilla y luego me besó.

—Entonces, ¿siempre has estado solo?

Me daba tanta pena escucharlo decir esas cosas… Su madre siempre vivió su vida, por lo poco que me había contado. Su abuela vivía al otro lado del océano, y su hermano, aun en el mismo país, siempre han estado separados.

—Uno se acostumbra. No conocí a mi padre. Era muy pequeño cuando nos marchamos. Mi madre ha sido bohemia toda su vida y ha preferido siempre su profesión a sus hijos. Mi hermano, de internado en internado. Nos han criado en una obligada independencia.

—Lo siento mucho.

No sabía qué decirle. Mi caso era todo lo contrario: Mi madre se desvivía por mi hermano y por mí, y mi padre era un hombre de su casa que solo trabajaba para que no nos faltara de nada.

Me daba tanta pena escucharlo hablar así, que me encorajaba por dentro con su madre, su padre y toda su familia. No merecía sentirse tan solo.

—No tienes que sentirlo. Ahora te tengo a ti.

Me sonrió tímidamente esperando mi aprobación. Cogí su cara entre mis manos y contesté:

—Siempre estaré contigo. —Para quitarle un poco de hierro al asunto, continué—. Además, eres mi primer «siempre». Eso tiene puntos extras.

Eso lo hizo sonreír. Más relajado, continuamos hablando de nuestros gustos alimenticios.

—Te invito a una pizza.

—¡Venga, vale! —Me gustó la idea.

—¿Pizza Hut?

—¡Espera! Quedé con mi hermano en que pediríamos algo para cenar viendo una peli. Mis padres han salido y estarán fuera un buen rato.

—Invítalo a mi casa. Donde caben dos, caben tres.

—Buena idea. Y antes de que digas nada, mi madre está avisada de que estaría contigo. Me ha dicho que, si surgiera la posibilidad de subir a casa, que no hay problemas.

Le guiñé un ojo. Se rascó la cabeza, pensativo.

—¿Seguro? No quiero molestar.

—¡No molestas, guaperas! Además, a mi hermano le caes fenomenal. Le encantará tenerte en casa para hablar de sus competiciones ecuestres.

—Él a mí también. Es un buen chico. Me encantará escucharlo.

—Pues no se hable más. Vamos a casa y cenamos allí los tres. Por cierto, ¿qué helado te gusta más? A mí el chocolate.

En el helado no coincidí con mi chico, a él le gustaba el helado de tarta de queso con arándanos. ¡Qué le íbamos a hacer! Me salió *especialito* el yanqui.

Capítulo 24

—Cariño, ¿sabes ya algo? —me preguntó Matt, preocupado.

Habían pasado cuatro días y mi amiga «la regla» no se pronunciaba.

—Aún no, nada de nada. Empiezo a preocuparme.

Mi inquietud cada día era mayor. No podía pasarme eso a mí. Sería un gran golpe para todos. Solo pensar en cómo se lo tomarían mis padres, entraba en pánico. Y para el abuelo sería un golpe muy duro. Me convertiría en la decepción de todos. Aunque algunos se alegrarían, estaba segura de ello.

Necesitaba distraerme, dejar de pensar en si la había cagado o no.

—¿Por qué no me cuentas algo que me distraiga, porfa? —le rogué.

—Estás de suerte. No sabes lo que me ha ocurrido hoy.

—¿Cotilleo? Qué raro viniendo de ti.

—Soy una caja de sorpresas, *my little dragonfly*.

Con solo escuchar esas palabras, me derretía. Matt causaba una atracción en mí que hasta yo me sorprendía. Le di un beso en los labios. Sentados en un banco de la Plaza de Belén, disfrutábamos de nuestra intimidad. Era una plaza tan pequeñita que apenas pasaba nadie por allí.

Más bien, se usaba para acortar camino. Allí podíamos hablar de nuestras cosas sin que nos interrumpiera nadie.

—Como ya sabes, estoy arreglando los papeles de nacionalidad española. Como hijo de español, tengo derecho a tener la nacionalidad —me explicó.

—Lo recuerdo. Me comentaste que llevas un tiempo con este tema.

—Para que me aprueben la nacionalidad, necesito la firma de mi padre.

—¿Qué vas hacer? —Me sobresalté.

Yo sabía todo lo ocurrido y no querría volver a ver en mi vida a un padre así.

—Mi madre lo ha localizado en Rota. Al parecer, vive allí desde hace cinco años.

—¿En serio vive a treinta kilómetros?

Me quedé asombrada. Mi familia veraneaba en Rota desde hacía años. Era un pueblo que en verano triplicaba su población por las segundas residencias. ¿Cómo el padre de Matt había vivido allí durante tanto tiempo? Tan cerca de Jerez y sin querer tener ningún trato con sus hijos. Jamás lo entendería.

Matt asintió con la misma cara que yo.

—Necesito que acuda al juzgado y firme. Así podré terminar con todo este tema. He pensado en ir a su casa y hablar con él.

—¿Vas a ir solo? —pregunté asustada y Matt asintió a mi pregunta—. Me da un poco de miedo. No sabes a quién te puedes encontrar allí.

—He pensado en ir con Kenny, ya que hicimos las paces.

Su respuesta me cayó como una jarra de agua fría.

—Ya. —Ese monosílabo delató lo que sentía por su amigo.

—En el fondo no es tan mal tío. Solo te cogió un poco de celos porque paso mucho tiempo contigo. Pero lo ha entendido y está dispuesto a aceptarlo.

—¿Te lo crees? —pregunté incrédula—. A mí me da muy mala espina.

Se me veía el plumero.

—Jimena, siempre estás igual. A las personas hay que darles una oportunidad para ver si de verdad han cambiado.

La voz de Matt sonaba un poco molesta. Cada vez que salía a relucir el nombre de su amigo, terminábamos enfrentados. Pensábamos diferente. A mí no me gustaba. Le noté algo turbio, pero no iba a obligar a Matt a que viese lo mismo que yo. «El tiempo pone a cada uno en su lugar». Eso me decía mi abuelo, y yo me lo creía.

—Vale. No tengo ganas de discutir, y menos, por él. Dejémoslo aquí.

—Solo tienes que confiar un poco y descubrirás que es un buen tío.

—Matt, lo que tú digas. Pensamos diferente, pero tampoco me hagas ver elefantes volando, que para eso ya tenemos a *Dumbo. —Salió mi lado irónico.

—Cuando te pones así, no hay quien te soporte.

Parecía que su enfado crecía por momentos. Esa amistad con Kenny, lo cegaba.

—¡Oye! Tampoco te pases. Yo no puedo obligarte a ti a ver lo que yo veo, pero tampoco tú eres quién para obligarme a ver lo que tú ves.

Lo miré irritada.

—¡Estaría bueno!

Yo era de acción-reacción, y ya notaba cómo me subía el enfado. Era como una olla con agua que pones en el fuego. La miras y ves cómo todavía no ha empezado a hervir, te despistas y, de repente, ya ha rebosado todo. Intentaba no entrar en conflictos, porque no me gustan, pero cuando ya no aguanto más, estallo y salpico a todo aquel que esté a mi lado. Y me daba a mí que aquel día iba por ese mismo camino.

—Será mejor que nos vayamos. Hace un poco de frío.

—¿Frío? Pero si estamos a primeros de mayo y aquí hace calor desde marzo. Eso es que estás enfadada —sentenció Matt.

—¿Ahora no puedo tener frío? Si yo digo que tengo frío, tengo frío. Da igual que estemos en mayo.

Me notaba a punto de erupcionar como un volcán. Ya estaba irritable.

—Que sí, ¡lo que tú digas! Hace frío. Venga, te acompaño —concluyó intentando poner fin a la discusión, pero a cabezona no me ganaba nadie y ya estaba en modo *On*.

—A mí no me trates como una loca, dándome la razón sin motivo.

—¿Qué loca? Me desquicias.

—¿Que te desquicio? Pues te libro de volverte loco. Me voy sola a casa.

—¿En serio? Pero ¿qué te pasa?

—No me pasa nada, estoy loca, ¿no? Me quedo con mis locuras y me voy sola. No necesito un guardaespaldas que me acompañe.

Me di media vuelta y lo dejé allí. Lo escuché suspirar, resignado. No soportaba a su amigo, era nombrarlo y entrarme una mala leche que no la podía controlar. Y además, Matt siempre lo defendía. ¿Qué le había visto a ese *yonqui? Vale, no sé si tomaba drogas o no, pero me daba mala espina.

Capítulo 25

—Necesito un voluntario para que se encargue del dinero del viaje de fin de curso.

El profesor de latín buscaba a algún alumno que se hiciera cargo de recoger el dinero del viaje y llevarlo a la agencia. Un trabajo en el que yo no pensaba participar. Hacerse cargo de tanto dinero era una gran responsabilidad.

—Matt, no vayas a levantar la mano, que eso es un marrón. Es mucho dinero y si se pierde la liamos.

Matt me miró y levantó la mano. Seguía enfadado. Su amigo Kenny era intocable. Y mis consejos parecían no servir de mucho. Lo miré ofuscada.

—Tú ganas. No quiero saber nada de este tema.

Me miró como si no hubiera escuchado nada. El enfado iba para largo. Me acerqué a él. A esas alturas del curso, compartíamos mesa.

—¿Hacemos algo esta tarde?

—Imposible, voy a ir a casa de mi padre.

—¿Con Kenny?

—Por supuesto.

Estaba todo dicho. A mí no me pidió ir con él, prefirió que lo acompañase su amiguito del alma. Esa tarde adelantaría los estudios.

La cabeza me iba a mil. Aún no sabía nada de la regla. De vez en cuando me daban dolores de tripa y me notaba hinchada. Dicen que la preocupación puede hacer retrasar la regla, así que no me iba a alarmar. Por lo menos, aún no.

Matt, con el enfado que tenía, no me preguntó nada sobre el tema. Y yo estaba en una situación que, si me hubiese bajado, no le hubiese dicho ni mu.

No hablamos mucho más a lo largo de la mañana. Matt se convirtió en el encargado de recoger el dinero de todos los alumnos que irían de viaje a Roma. Sería el enlace entre los alumnos y la agencia de viaje.

Me acompañó a casa como cada día. Caminamos en silencio. Ninguno de los dos habló en todo el trayecto. El enfado de Matt era transparente. Su cara, sus gestos, sus palabras… todo en él transmitía un gran enfado. El motivo: Yo. Yo no quería aceptar a su amigo como el bueno de Kenny. Así que tendríamos que llegar a un acuerdo entre ambos si queríamos que nuestra relación continuara. Esperaba que no llegase el día que tengamos que elegir entre nosotros o su amigo.

—Nos vemos mañana. —Se despidió de forma muy seca.

—¿No te vas acercar luego cuando llegues? —pregunté con voz dulce para intentar reconciliarme con él.

—No creo. Voy y vuelvo en autobús. No sé aún los horarios. Mejor nos vemos mañana —expresó, molesto.

—De acuerdo —me resigné. Cuando estaba en esa actitud no se le podía hablar mucho. No me quedaba otra que aceptar la decisión de Matt—. Mucha suerte.

—Gracias.

Me dio un beso en los labios a modo de despedida y se marchó.

Matt

Esperaba en la estación a que llegase el autobús. A mi lado, se encontraba Kenny, que había accedido a acompañarme. Mis pensamientos viajaban hasta Jimena. ¿Por qué no veía ella lo mismo que yo? Kenny era un buen chico.

—No le des más vueltas, Matt. Las tías son así —dijo Kenny, que intuía lo que pensaba.

—Jimena no es cualquier tía —repliqué, incómodo.

—Pues ya ves que sí. Yo soy tu colega y nunca te dejaré tirado —insistió mi amigo.

—Lo sé, pero no entiendo por qué no quiere intentarlo —respondí, aturdido.

—Aquí estoy para lo que necesites, hermano.

Kenny abrió los brazos en cruz y miró hacia el cielo, a modo de burla.

—Kenny, eres un cachondo.

Los dos reíamos por las burlas de Kenny.

—Solo quiero que haya cordialidad entre vosotros —me sinceré.

—Por mí no hay problema. Ya lo sabes.

—Lo sé, *brother*[16].

—Pero tengo que decirte algo —dijo Kenny atrayendo mi atención.

—Claro, dime.

—Prométeme que no te enfadarás. Solo te lo digo por tu bien. Me he dado cuenta y creo que tienes que saberlo.

—¿Saber el qué, Kenny? Suéltalo ya. —Mi curiosidad iba en aumento.

—Creo que Jimena ha hecho todo esto del embarazo para atarte —soltó como si de una bomba se tratara.

—¿Qué dices? Mira que eres retorcido. —Esa afirmación sobre Jimena no me gustó nada.

—Piénsalo un momento. Con lo organizada y madura que es, ¿cómo no pensó en el preservativo? —Su insistencia me hizo dudar.

—Jimena no es así —respondí sin mucha convicción.

—Los tíos nos movemos por calentones. No pensamos. Pero las tías no son así. Lo piensan todo.

—¿Tú crees? No lo había pensado. —La semilla de la desconfianza comenzó a aflorar en mí.

---

[16] apelativo cariñoso a una persona muy allegada

—Pues claro que lo creo. Te esforzaste mucho en que todo saliera bien. Pero el calentón te hizo que se te olvidara el preservativo. —Kenny continuó su discurso—. Ella, en cambio, sabía a lo que iba cuando fuisteis a tu casa. Y ¡qué raro que no se acordó!

—Ahora que lo dices, puede tener sentido —respondí, temeroso de que mi buen amigo tuviera razón.

Subimos al autobús con dirección a Rota. Kenny estaba satisfecho por la conversación que habíamos mantenido. Pero yo, tenía pensamientos que me atormentaban. ¿Sería Jimena capaz de hacer algo así?

Al llegar a Rota, nos bajamos en silencio. Caminamos hacia el centro del pueblo. Allí, en la Costilla, se encontraba la parada de taxis. Tuvimos que coger uno para llegar a nuestro destino.

La casa de mi padre se encontraba en Aguadulce, Peginas, una playa de arena fina y dorada, algo aislada y con poca afluencia de visitantes que la describen como playa semisalvaje.

—Mi padre ha elegido un sitio muy tranquilo para vivir. Es precioso —comenté en voz baja durante el viaje en taxi.

Paramos delante de una cancela de hierro verde. La finca estaba rodeada por maleza que impedía ver el interior. Junto a la cancela, había un buzón medio roto y un timbre. Pagué al taxista, nos bajamos y, decidido, pulsé el timbre.

Sonó.

Silencio.

Volvió a sonar.

Silencio.

Me ponía nervioso y, cuando menos lo esperaba, escuché el sonido de un cerrojo y unos perros ladrar. Un hombre moreno de unos sesenta años con una cicatriz en el pómulo izquierdo abrió la puerta.

—¿Quién anda ahí? —La voz ronca del hombre nos dejó bloqueados—. ¿Quién anda ahí? —repitió el propietario de la casa, con desconfianza.

—Mi nombre es Matt. ¿Eres Manuel? —logré responder.

—Sí, soy Manuel. ¿Tú quién eres? —preguntó incrédulo.

—Soy hijo de Nicola. Creo que tú eres mi padre —dije a toda velocidad.

—Eso no puede ser. Yo no tengo hijos.

—¿Seguro? Por la descripción que me ha dado mi madre, te pareces bastante. Hasta traigo una foto, mira.

Manuel me quitó la fotografía de las manos, con desagrado. En ella aparecíamos mi madre y Teo en brazos, yo a su lado, además de un hombre sonriente que se parecía muchísimo al que tenía delante en esos momentos.

—¿Eres Matt? ¿Mi Matt? ¿Y Teo? —La voz de Manuel cambió. Le embargó el sentimiento de añoranza.

—Sí, soy tu hijo Matt. Mi hermano Teo está muy bien —contesté, a secas.

Me puse a la defensiva. No me gustó que ese hombre me llamara de forma cariñosa.

—Pasad, os invito a tomar algo, y me cuentas qué te trae por aquí.

Al entrar en la casa, olimos a humedad. Era un olor a viejo que impregnaba la nariz bloqueando cualquier otro olor. Apenas había muebles en la sala, solo un sofá viejo con algunos agujeros, una mesa, un par de sillas y un mueble de madera con una televisión y una radio encima.

—¿Qué os pongo?

—Un vaso de agua estaría bien.

—De acuerdo.

El hombre entró en otra estancia de la casa y salió con un par de vasos de cristal llenos de agua.

—Cuéntame, hijo. —Se dirigió a mí con ese apelativo cariñoso.

—¿Hijo? No vuelvas a llamarme así —respondí a la defensiva.

Manuel se sorprendió.

—Yo creía…

—No creas nada. Tú perdiste ese título cuando nos abandonaste.

—¿Eso es lo que te ha dicho tu madre?

—También me dijo que la maltratabas. Y muchas más cosas.

—¡Eso no es cierto! —gritó, Manuel, que se levantó y dio un golpe a la mesa—. Jamás le he puesto una mano encima a tu madre. Ella fue el amor de mi vida.

Estaba perplejo. Mi cara de asombro hablaba por mí. ¿Cómo podía ser capaz de mentirme tan deliberadamente? Ese hombre desvariaba. Mi madre me había contado la historia mil veces. Lo que Manuel me contaba no me encajaba.

—Mentira. Nos abandonaste y la dejaste con dos hijos pequeños. Nos ayudó la abuela Leire a salir adelante —reprendí.

—Una noche, cuando vivíamos en New York, tu madre lo tenía todo preparado. Aprovechó que yo dormía para cogeros a ti y a tu hermano y desapareció.

—¡Mientes! —exclamé furioso. Mi enfado se me reflejaba en los ojos.

—No miento. Me pasé años buscándoos, pero fue inútil —confesó Manuel.

—Recorrimos el país huyendo de ti. ¡Querías hacernos daño! —bramé.

—¿Eso os dijo? —preguntó Manuel, destrozado por las palabras que acababa de escuchar. Sus lágrimas comenzaron a caerle por las mejillas. La tristeza fue tal, que pareció que había envejecido diez años en un segundo.

—Esa fue la verdad —sentenció Matt.

—No pretendo que me creas, pero ya tienes edad para saber que todo lo que tu madre te contó no fue verdad.

—Mi madre nos crio sin ti. Nunca te necesitamos.

—Ya veo el buen trabajo que hizo tu madre. Me apena que no me necesitarais. Me hubiera gustado participar en vuestra vida. Soy vuestro padre —dijo con voz suplicante.

—No eras nada. Que te acostaras con mi madre no te convierte en mi padre. —Mis palabras parecían cuchillos que cortaban el aire que respirábamos.

—De acuerdo. Veo que no estás dispuesto a escucharme. ¿Qué necesitas de mí?

Más tranquilo, le expliqué lo que me ocurría con la nacionalidad. Manuel aceptó mi petición, sin objeciones.

Nos acompañó a la salida.

—No tengo teléfono en casa. No puedo llamarte a un taxi. Pero si quieres, la vecina te puede ayudar en eso.

—No hace falta. Gracias por todo. Espero que cumplas tu palabra y te acerques al juzgado a firmar.

Comencé a andar en dirección al pueblo, seguido de un Kenny silencioso. Caminamos más de una hora en silencio. Kenny no aguantó más y dijo:

—¿Has llegado a pensar que ese pobre hombre tenga razón?

—Mi madre no me mentiría nunca —exclamé, ofendido por la insinuación de Kenny.

—Pues claro que te mentiría. Es una mujer. Las mujeres mienten, Matt. Mienten por naturaleza.

—¡Cállate! Joder. Estás hablando de mi madre —enfaticé.

—Tu madre, Jimena… ¿Te has dado cuenta que lo único que quieren es joderte la vida?

—¡Cállate! —chillé, enfadado.

—No me callo. Tienes que abrir los ojos y despertar ya. Si ese hombre tiene razón, tu madre le ha jodido la vida y se ha dedicado a mentiros. Lo mismo que te está haciendo ahora Jimena —insistía con su razonamiento.

—Kenny, te lo advierto. Deja a mi madre y a Jimena en paz. Ese hombre miente.

—Ese hombre ha malgastado su vida buscándote a ti y a tu hermano. Y mira cómo ha acabado —recalcó.

—Él se lo ha buscado. Pegaba a mi madre. Eso no se lo perdonaré nunca. Además, nos abandonó, a ver si te enteras.

—Que no, Matt. Él no te abandonó. Fue tu madre quien creó toda esa trama para quedar ella de víctima.

Lo observé con detenimiento.

—Estás disfrutando con todo esto, puedo vértelo en la cara —le reprendí.

—Para nada. Solo quiero ayudarte a salir de la mentira en la que te han metido.

—Ya veo. —La intensidad de mi voz bajó de forma considerable.

—Matt, escúchame. Con tu madre ya es tarde, pero con Jimena estás a tiempo de salir de todo ese marrón en el que te quiere meter.

—Déjame en paz —dije con voz grave.

Kenny levantó las manos aceptando mi petición. Llegamos a la estación y, en silencio, nos subimos en el autobús que los llevaría de vuelta.

Al llegar a Jerez, cada uno cogimos nuestro camino. Eran más de las diez de la noche. Al día siguiente hablaría con Jimena. Antes, tenía que poner en claro todo lo ocurrido.

Capítulo 27

Matt

Al abrir la puerta de casa, mi madre me esperaba con un cigarrillo en la mano.

—¿Lo has conseguido? ¿Ha aceptado a firmar? —preguntó, impaciente.

—Sí —respondí de forma cortante.

—Sí… ¿qué más? Cuéntame algo. —Nicola no podía disimular su interés.

—¿Qué quieres que te cuente? —pregunté a mi madre con desgana.

—No sé. Dónde vive, cómo está, ¡algo! —insistió.

—Vive en una casa llena de humedades. Olor a viejo por todos los rincones. Tiene un par de perros. Y en la cara tiene una cicatriz que le coge todo el pómulo izquierdo. —La cara de satisfacción de mi madre iba en aumento—. ¿Te hace feliz lo que te estoy contando? —pregunté, incrédulo.

—La verdad es que sí. Que pague todo lo que nos ha hecho. ¡Solo! —contestó con énfasis en la última palabra.

Al ver la cara de mi madre, intuí que algo no me cuadraba. Si tanto miedo le tenía, ¿por qué me envió allí, solo?

—Me ha contado cómo sucedió todo. —La miré fijamente.

La cara de Nicola cambió. Su piel palideció. Sus ojos negros se abrían con curiosidad. Quería saber qué sabía. Intentó disimular su nerviosismo. Se levantó y comenzó a caminar hacia el pequeño patio trasero.

—Ah, ¿sí? ¿Qué te ha dicho? ¡A saber qué mentira te habrá contado! —añadió con desinterés.

—La primera mentira es que fuiste tú la que se escapó con nosotros, aprovechando que dormía. Estuvo mucho tiempo buscándonos por todo el país, pero no lo consiguió. ¿Es cierto, mamá? ¡Ah! Y lo más importante: que nunca te pegó. ¿Es verdad? —Terminé por gritar. Los nervios se habían apoderado de mí. Quería saber. Lo necesitaba. ¿Qué ocurrió en realidad?

—Ese hombre siempre fue un perdedor. Con él, nunca habría llegado a ser nada en mi profesión —confesó Nicola mientras regaba las plantas.

—¿Qué? —Mi asombro iba en aumento. ¿A quién tenía delante? Parecía otra persona diferente a la que conocía.

Mi madre continuó con su relato:

—Le eché unas gotas para que durmiera plácidamente toda la noche. Así pude aprovechar para escapar.

—¿Lo drogaste? —No daba crédito a lo que escuchaba.

—Unas gotitas, Matt. Tampoco es para alarmarse —respondió con calma.

—¿Te pegó alguna vez? —continué.

—Bueno, la verdad es que no. Pero me vino ideal inventarlo para que los amigos que teníamos en común le dieran de lado y me ayudaran a mí.

—No me lo puedo creer. ¡Esto es una puta pesadilla! —grité.

—Cariño, no te pongas así. No es para tanto. Ese hombre es un infeliz. No te has perdido nada.

—¿Cómo se hizo la cicatriz de la cara? —Mi voz era seca y mi mirada transmitía ira—. Mírame y dímelo. Necesito saberlo —imploré, pero Nicola continuaba muda—. ¡Necesito saberlo! Mamá, habla.

La zarandeé para que despertara de ese coma que se había inducido ella sola. Regresó a la realidad y me miró a los ojos.

—Un día, un par de años después de que escapáramos…

—No más mentiras, mamá.

—Unos años después de aquella noche, me lo encontré por Texas. No sé cómo, pero me encontró. Yo salía de una exposición y, al llegar al coche, allí me esperaba. Me asusté mucho. Me pidió explicaciones y yo no quise dárselas. Cuando fui a subirme al coche, me agarró el brazo.

Forcejeamos. Él cayó al suelo. Lo vi levantarse y me asusté. Junto a mi coche, había una botella de cristal. La rompí y me fui para él. Le dejé un buen corte en la cara. Aproveché su desconcierto para subir al coche y huir. Desde entonces, no he sabido nada más de él hasta hace un par de años, cuando decidí venir a vivir a Jerez para estar más cerca.

—¿Más cerca para qué? Le destrozaste la vida, mamá.

—Más cerca, para controlarlo —respondió con la mirada ausente.

—Estás enferma. Le has destrozado la vida. Él nunca nos abandonó. Fuiste tú. Tú me quitaste a mi padre.

—Matt, no seas tan dramático. No lo necesitabas. Él hubiera sido un obstáculo en nuestras vidas. Somos felices sin él.

—¡Mamá, basta! No quiero oírte —grité, desesperado.

—Vale, cariño, relájate y seguimos hablando mañana. —La parsimonia con la que contestó mi madre me asustó.

—No tengo nada más que hablar contigo. Eres mala. Nos has hecho daño a mí y a mi hermano. Además, te alegras por ello.

Me encaminé hacia mi cuarto. Di un portazo y eché el pestillo. Necesitaba estar solo, pensar en todo lo ocurrido aquel día, en mi madre, Jimena, en las palabras de Kenny, y en mi padre.

Tenía mucho que meditar.

Capítulo 28

Por fin ya era por la mañana. ¡Fue una noche demasiado larga! Me acosté tarde sin poder parar de pensar en Matt. Decidí aceptar su relación con Kenny. Al fin y al cabo, eso era el amor, aceptar al otro y respetarlo. Cierto que Kenny no me gustaba, pero haría todo lo posible para que fuese diferente.

Tenía unas ganas locas de hablarlo con Matt. Podríamos planear una cita con su amigo para conocernos mejor. Quería pasar el finde con Matt y olvidar la discusión tonta que tuvimos. No era más que eso, una discusión tonta.

Matt llegó puntual, como siempre. Me acerqué con una sonrisa enorme. Quería hacer las paces a toda costa. Lo tenía decidido. Dejaría que Kenny formara parte de mi vida.

—¡Buenos días, amor! —lo saludé, emocionada.

Fui a darle un beso y, para mi sorpresa, me rechazó. Me quedé helada.

—Tenemos que hablar. —Su voz sonaba fría, y su mirada ausente me indicó que algo no iba bien. Así, tajante. Lo notaba más enfadado aún que el día anterior.

—¿Todo bien ayer con lo de tu padre? —pregunté, prudente.

—Sí. Hoy no iré a clase, tengo cosas que hacer. Te recojo esta tarde y hablamos —respondió.

—Vale. Pero ¿ha pasado algo que deba saber? —insistí.

—Todo bien. Ya hablamos luego.

Dio media vuelta y se marchó por donde había venido.

El día se me hizo eterno. Por más que miraba el reloj, los minutos no avanzaban. Deseaba que llegara la tarde para hablar con Matt. ¿Qué era eso de lo que teníamos que hablar? ¿Solucionar nuestro enfado? ¿Lo de su padre? Estaba tan preocupado con la situación de la nacionalidad, que no le daba tiempo para mucho más. Esperaba que todo saliese bien.

Estaba atenta a mis pensamientos cuando me dio un dolor tremendo en la tripa. Un dolor que me dobló. Solía sobrellevar bastante bien los dolores, pero esa vez era muy fuerte. Una punzada me dejó sin aliento, como si me pincharan con algo. Dolía muchísimo.

La profesora, al ver mi cara de dolor, decidió dejarme salir de clase para ir al baño. Solo pude llegar a conserjería, que estaba a medio camino entre la clase y el baño. Allí, me desplomé.

Al despertar, estaba mi madre. Se le veía muy preocupada.

—¿Qué te ha pasado, Jimena? ¿Te encuentras bien, cariño?

—Mamá, estoy bien. Me dolía mucho la tripa y, de aguantar el dolor, he perdido las fuerzas y por eso me habré desmayado. Pero estoy mejor —expliqué para calmarla.

—Si es que es muy bruta —decía mi madre al conserje—, seguro que llevas varios días aguantando, ¿a que sí? —Me miró mientras esperaba una respuesta afirmativa.

—Solo unos días. Pero me encuentro mucho mejor. Solo necesito ir a casa y descansar.

—Voy a pedir un taxi, Jimena. No me atrevo a que te desmayes otra vez y me pille a mí sola.

Las dos nos subimos al taxi. Nos dejó en casa y mi madre me metió en la cama para luego arroparme. Antes, ya me puso el termómetro, me dio una pastilla y un té calentito para que me pusiera mejor. Mi madre es un sol. Por eso la quiero tanto.

Serían las doce de la mañana cuando me acosté para descansar. Mi mente no paraba de pensar en Matt.

De lo cansada que estaba, me volví a dormir y me desperté sobre las cinco de la tarde. Me vino bien descansar. Me encontraba con más fuerza. Me di una ducha y esperé a Matt, que estaba al llegar.

El dolor no se me había ido por completo, pero había mejorado.

Sonó el timbre. Allí estaba Matt. Bajé despacio las escaleras. Matt me miró bajar, pero no me dijo nada. Hice como si nada ocurriese y salí fuera. Paseamos un rato por la Alameda Vieja y, agotada, le sugerí que nos sentáramos en un banco. No podía seguir o se iba a repetir lo de esa mañana.

—Bueno, ¿cuándo vas a hablar? —pregunté con curiosidad.

—Voy a ser directo, Jimena —respondió con la mirada fija en el suelo para evitar tener contacto visual conmigo.

—Vale. —Lo noté demasiado serio.

—La noche que nos acostamos juntos… —titubeó buscando las palabras.

—Sí, continúa. —Me puse en alerta.

—¿Eras consciente de no usar el preservativo?

—No te entiendo, Matt. ¿A dónde quieres llegar? —Su pregunta me preocupó.

—Quiero llegar a que si buscas quedarte embarazada para amargarme la vida.

—¿Qué? —Sus palabras me descolocaron.

—Jimena, las tías tenéis ese don para camelar a los tíos y nos nubláis el razonamiento. Ese día, con los nervios, no me acordé de cogerlo. Pero tú sabías lo que hacíamos e hiciste como si nada. Parecía que lo buscabas —insinuó.

—¿En serio piensas que sería tan ruin contigo?

—No sé qué pensar. Pero tengo la duda.

—Pues tu duda me ofende, y mucho. —Ya notaba cómo la adrenalina del enfado llamaba a mi cuerpo—. No me conoces una mierda. ¿Piensas que arruinaría mi vida solo por tenerte? Estás muy equivocado.

—Pienso que con un niño me atarías para siempre —sentenció con rudeza.

—¿Eres gilipollas o *te has caído de un guindo*[17]?

—No me vengas ahora con enfados. Si te pones así es porque tengo razón en lo que te digo.

—¿De verdad piensas eso?

—Pienso que ha sido raro el acostarnos y que no usáramos preservativo. Y para colmo, que no te venga la regla, porque ¿te ha venido?

—Mira, no me ha venido. Pero ¿sabes que te digo? Si estuviera embarazada, no te necesitaría para nada. Es más, no te quiero en mi vida. Eres cruel. —Me levanté con la intención de irme, pero Matt me agarró del brazo.

—¿Yo, cruel? Más bien tú eres la cruel. Querías aprovecharte de mí y utilizarme.

—¿Cómo pude estar tan ciega? ¿Aprovecharme de qué? —No entendía su actitud.

---

[17] expresión coloquial para referirse a la ignorancia, inocentemente, que muestra alguien sobre un asunto.

—Mira, Jimena, yo quiero vivir la vida y no atarme con la misma persona.

—Un día te dije que para amar hay que poder perder el control y que eso me daba mucho miedo. Hiciste que perdiera ese control y ahora me arrepiento con todas mis fuerzas. Si pudiera dar marcha atrás, lo haría y te borraría de mi vida para siempre.

Las lágrimas comenzaron a resbalar por mi mejilla. La pena me ahogaba. Sentí como el corazón se me partió. ¡Esto no podía estar sucediendo! Era una pesadilla.

Matt me miró con su mirada de hielo y no se inmutó. Me daba la sensación que lo había preparado todo para que acabáramos mal.

—¿Estás embarazada o no? —insistió.

—No —respondí con voz baja.

No era verdad, pero no quería que supiera nada. Mejor dejarlo así. Ya vería qué hacer. Lo único que tenía claro era que no lo quería en mi vida.

—Mejor. —Suspiró, aliviado.

—Sí, mucho mejor.

—Necesito tiempo para pensar en todo esto. No sé si me haces bien o me haces mal. Ahora mismo desconfío de todo el mundo. —Al menos, admitió que desconfiaba de mí. No podía mirarlo. Me sentía mal. Estaba dolorida—. Lo siento mucho, Jimena, pero es mucho mejor así para los dos.

Ese «lo siento mucho» era lo único sincero que le oí decir esa tarde.

—¿Dónde queda todo lo que hemos vivido juntos? —pregunté con tristeza y la mirada perdida.

—En los recuerdos se quedan —respondió con una voz plana, ausente de sentimientos.

—Así, sin más.

—Sí, Jimena. Lo nuestro no funciona.

—Si tú lo dices…

«Coge aire, Jimena. Respira. Tú vales mucho más que todo esto», me decía Doña Porculera en mi subconsciente. Las fuerzas huyeron. Tenía un dolor en el pecho que me aprisionaba y no me dejaba respirar.

«Jimena, despídete de él. Que sepa lo que se pierde».

—Matt, si pudiera hacer desparecer el amor que siento por ti, todo sería más fácil. Que te vaya bien.

«Levántate con todo tu orgullo femenino y dale un beso».

—Jimena, yo… —intentó contestarme, pero no lo dejé. No podía.

—No hay nada más que hablar, Matt. Mejor dejarlo aquí y no hacernos más daño.

Me acerqué a Matt y le di un último beso de despedida. Se quedó paralizado. No se lo esperaba. Cuando reaccionó, ya era tarde. Nuestros labios ya se habían separado para siempre.

Aguantando el dolor que apenas me dejaba caminar, tomé el camino para casa dejando a un Matt confuso, sentado en el Patio de los Naranjos, con vistas a la Catedral.

Capítulo 29

Los dolores no mejoraban. Las punzadas eran cada vez más fuertes y más duraderas. La ruptura con Matt me dejó muy baja de ánimo, y el dolor me ayudó a no tener que dar explicaciones en casa por lo sucedido. Solo necesitaba descansar.

Ojalá hubiese estado Chencha ahí conmigo. ¡La echaba tanto de menos! Desde que se marchó solo recibí un par de postales de ella, sin remitente ni teléfono de contacto. La entendía. Estaría viviendo su vida alocada, conociendo mundo, y no tendría mucho tiempo para acordarse de mí.

No sé qué hacía que conseguía alejar a todas las personas de mi alrededor. Lucas fue el único con el que me sinceré. Necesitaba un abrazo, un consejo, algo que me ayudara a pasar mejor los días.

—Ese tío es gilipollas. Lo siento, Jimena, pero me dan unas ganas locas de partirle la cara. No te puedes imaginar cuánto.

—Para, *He-man*[18]. Solo necesito tiempo.

—¿Tiempo? ¿Qué vas hacer si no te baja la regla? Eso tiene un tiempo sí o sí. No se puede ocultar de por vida.

---

[18] personaje de ficción dentro del universo Masters of the Universe.

—Tranquilo, hermanito. Todo está controlado. No estoy embarazada, eso seguro.

—Sí, tú y tus seguridades, y mira cómo te has dejado engañar por un cabrón. —Las lágrimas comenzaron a salir a toda velocidad. Estaba muy sensible—. ¡Lo siento! ¡Lo siento mucho! Soy estúpido. No quería decir eso.

Me abrazó y me acunó para que me tranquilizara. Él tampoco tendría que ocuparse de mí ni de mantener mi secreto. Pese a ser más joven que yo, a veces parecía más maduro.

—Lo siento tanto, Jimena… La próxima vez te juro que lo pienso antes de decirlo —afirmó, preocupado.

—Entonces no serías tú.

Me hizo reír el apuro tan grande que tenía. Al verme más relajada, me acompañó en las risas.

—¿Cuándo piensas ir a clase? —preguntó para cambiar de tema.

—Imagino que mañana. Los dolores han mejorado con la pastilla que me recetó el médico. No puedo perder más clase —le expliqué.

—Te estás quedando canija. Como sigas adelgazando, voy a tener que abrazar un esqueleto —bromeó.

—Ya quisiera yo.

—Estás *buenorra*.

—Sí, mucho.

Los dos nos reímos y disfrutamos ese ratito mientras hablábamos de todo y de nada. Temas superficiales que Lucas se inventaba para poder distraerme.

—Tengo que irme. Descansa, que mañana vas a ir a clase y esas ojeras no te ayudarán mucho a pasar desapercibida.

Me dio un beso en la frente y se despidió.

 Capítulo 30

En clase todo seguía igual. Matt seguía de encargado del dinero del viaje, y yo a lo mío. Desde que nos separamos, no nos volvimos a sentar juntos. Ni siquiera hablábamos. Así de rápido se le fue el capricho al americano. En mi caso, era distinto. Me acostaba con él en mi pensamiento, y me levantaba igual.

—Jimena, ¿te encuentras bien? —Me sorprendió una voz. Era Natalia, una compañera de clase. Una chica muy amable y cariñosa que conocía un par de años atrás.

—Sí, ¿por qué?

—Te noto mala cara. Tienes unas ojeras que ni con corrector podrías disimular. Y como el otro día te fuiste enferma para casa pues me tienes un poco preocupada.

—Gracias por preocuparte, Natalia. La verdad es que me siento regular. Aún continuo con dolores, pero cada día va a mejor.

—Me alegro. Ya sé lo ocurrido con Matt. Se rumorea entre los compañeros —dijo en voz baja.

—¿Qué se rumorea? —Me puse a la defensiva.

—Que habéis terminado. Que estás libre, vamos —aclaró.

—Ah, pues sí. Lo hemos dejado por un tiempo.

—Me voy a mi asiento, que viene el profe de latín a darnos la lata con el viaje. Por cierto, ¿tú vas?

—No me apetece mucho. Lo más seguro es que no.

—Yo también me lo estoy pensando. Además, es un poco caro, ¿no?

—Sí, un poco.

El profe de latín entró en busca de Matt. Se le veía desesperado.

—Matt, ¿por qué no entregaste ayer por la tarde la señal para el viaje en la agencia?

—No pude ir, esta tarde me pasaré.

—No faltes, te estará esperando.

—Sí, allí estaré.

Miré para atrás. Matt había vuelto a su asiento del rincón. Lo noté nervioso. Estaba intranquilo.

«Jimena, ya no tienes por preocuparte por él. Bastante tienes tú con lo tuyo». Asomaba esa vocecita de nuevo. Desde el último encuentro con Matt, no la había vuelto a escuchar. Parecía que, cada vez que me fijaba en Matt, volvía a salir para defenderme.

Me centré en la clase e intenté olvidar la voz y a Matt. Necesitaba cuidar de mí, y eso era lo que iba a hacer.

Por la tarde, me acerqué a la librería a despejarme un poco. Me encantaba leer, y era entrar allí y olvidarme de todo. Me puse a mirar las novedades que habían llegado. Me pasé un buen rato leyendo reseñas de libros recomendados, y elegí uno de novela histórica, ¡cómo no!, una nueva edición de *Doctor Zhivago*.

La noche pintaba bien. Mientras todos dormían, a mí me encantaba leer. El silencio de la noche era mi mejor compañero de lectura.

Al salir de la librería, me dio otra punzada fuerte que me dejó quieta por un instante en plena calle. Cada vez eran más fuertes los pinchazos. Llevaba una semana y no mejoraba. Las pastillas me calmaban un par de horas, pero poco más. En ese instante que me dio el dolor, mi mala suerte hizo que pasara Matt con su inseparable amigo, Kenny. Matt, al verme, se acercó rápido, preocupado. Me agarró por la cintura.

—¿Te encuentras bien? No tienes buena cara. —Su voz sonaba preocupada.

—Sí.

Ese olor a vainilla otra vez. Lo intentaba olvidar, pero así, tan cerca, era imposible.

—¿Necesitas que te acompañe a casa? No tengo nada mejor que hacer.

—No. —Solo me salían monosílabos. El dolor era muy fuerte y no podía articular palabra alguna.

—Jimena, que no me importa. En serio. Me quedaría más tranquilo.

Cogí fuerzas, me erguí como pude, y le solté con toda mi mala leche:

—Quédate ya tranquilo, que no te necesito. Tengo que irme.

Comencé a andar soportando un dolor atroz que por segundos consumía mis fuerzas.

Llegué a casa con mucho dolor. La calle Larga daba honor a su nombre. ¡Qué larga se me había hecho! No le veía final. Entré en mi habitación y me recosté sobre la cama. Necesitaba otra pastilla para poder pasar la tarde más relajada. Me dormí profundamente.

A las ocho, sonó el timbre de la puerta. Mis padres no habían llegado, y mi hermano estaría en alguna actividad de las suyas. Con mucho esfuerzo, me levanté. Me dolía menos que antes, pero continuaba el dolor. Se había aferrado a mí.

—¿Quién es? —pregunté con voz débil.

—Jimena, soy yo, Matt.

—¿Qué quieres, Matt? No tengo tiempo de entretenerme.

—Solo quería saber cómo estabas.

—Estoy bien, gracias por preguntar.

Colgué el telefonillo, dejando a Matt con la palabra en la boca. ¿Qué pretendía al venir a mi casa? Entre nosotros ya no había nada. Ya no estábamos juntos. Su oportunidad ya pasó y la dejó escapar. Y pensar que estaba dispuesta a acercarme a su amigo por él… A veces era tan tonta…

 Capítulo 31

Me levanté con mal cuerpo. No podría describir cómo me sentía. Solo puedo decir que rara. Muy rara. Desayuné poco, pues tenía el estómago revuelto.

Tenía un examen y no podía faltar. Estábamos a finales de curso y era un parcial importante, así que me tomé un par de pastillas y salí de casa.

El examen lo hice como pude. A veces, veía la letra borrosa; otras veces, ni las veía. No sé cómo pude escribir algo en el folio. La vista se me nublaba y me impedía concentrarme en dos palabras. Lo terminé con demasiado esfuerzo.

La siguiente clase era latín, y el profesor entró como una furia. Se encaminó con grandes zancadas hacia la mesa de Matt. Al llegar, con voz alta y enfadada, le preguntó dónde estaba el dinero de la fianza. Matt, sobresaltado, pues no esperaba la reacción del profesor, le dijo:

—Me lo han robado.

—¿Qué? ¿Cuándo ha sido eso? —gritó exaltado.

—El otro día —respondió Matt con templanza.

—¿El otro día? Si ayer me dijiste que irías esa misma tarde a pagar la fianza.

—Ya, pero creía que lo encontraría.

—¿Encontrar qué? Si te lo han robado, ¿cómo lo vas a encontrar? —insistía el profesor, que no daba crédito a lo que ocurría.

—Buscándolo, ¿cómo si no? —Su respuesta sonó burlesca.

—A ti no te han robado nada. Me da que te has metido en un lío con ese dinero. —El profesor me miró fijamente y me dijo—: ¿Tú sabes algo de esto?

—¿Yo? ¿Por qué iba a saberlo?

—Muy sencillo, señorita Durán, porque sois pareja.

—Yo no soy pareja de ese chico desde hace más de una semana. A mí no me meta usted en sus líos, se lo pido por favor.

El profesor de latín no esperaba esa respuesta por mi parte.

—Tiene usted razón, Jimena. Pero el plazo ya se ha agotado y, si no se paga ya la fianza, perderemos la reserva.

Me parecía bien que estuviera preocupado, pero yo no iba a pagar el pato de los demás.

—Jimena no tiene nada que ver en todo esto. Esta tarde lo solucionaré.

El profesor se giró y con voz grave dijo:

—Más te vale, o tendré que avisar de todo esto a la policía.

A la salida de clase, me acerqué a Matt y le pregunté con timidez, pues no sabía si le gustaría mi idea:

—¿Te parece bien que te acompañe en el camino y me cuentas qué te ha pasado?

Matt me miró con culpabilidad. Se había portado como un idiota conmigo y aun así, seguía preocupándome por él.

—Me parece bien. Aunque no hay mucho que contar. —Suspiró.

—Bueno, pues cuéntame qué ha ocurrido y entre los dos buscamos una solución.

No sabía por qué lo hacía, pero me daba pena verlo así. Se había metido en un buen lío. Si podía ayudarlo, lo haría. Al fin y al cabo, aunque no saliese bien entre nosotros, lo quería mucho.

Lo tenía delante de mí, como un corderillo asustado. Me causaba ternura, y no paraba de pensar en cómo podría ayudarlo.

—A ver por dónde empiezo —pensó Matt en voz alta.

—Por el principio. Tenemos tiempo.

—El otro día, en casa, conté todo el dinero y lo preparé en una bolsa. Tenía cincuenta mil pesetas de señal para la agencia. Pensaba llevar el dinero esa misma tarde para quitármelo de encima. Kenny estaba en casa conmigo y me ayudó a prepararlo.

—*Ummm.*

Matt me miró. Levanté la mano a modo de rendición. No quería problemas. Todavía me encontraba muy débil para gastar mis pocas fuerzas en una discusión absurda.

—Entre los dos lo preparamos todo. Lo guardé en un cajón de mi habitación y nos fuimos a ensayar. Había quedado con la agencia en que iría sobre las siete.

—Vale. Por ahora, todo correcto. ¿Qué más hiciste?

—Cuando volví de ensayar con Kenny, fui al cajón y estaba vacío.

—¿Quién más sabía que el dinero estaba ahí?

—Nadie más. Solo nosotros dos.

—¿Sospechas de alguien? ¿Sabes si entró alguien más a la casa esa tarde?

—No, Jimena, no —respondió, desesperado. Matt se empezaba a alterar. La situación lo tenía descontrolado.

—Tranquilízate, solo quiero ayudar.

—Lo sé, perdona. Es que no sé cómo ha podido pasar algo así. Mi madre no quiere saber nada de todo esto.

—¿Ella estaba en casa ese día?

—No, ella estuvo todo el día en Sevilla preparando su exposición. No regresó hasta la noche. Ni siquiera sabía que yo era el encargado del viaje —aclaró.

—Solo nos queda Kenny. ¿Qué te ha dicho?

—¿Qué me va a decir? ¡Que no sabe nada! Por favor, Jimena, estuvo toda la tarde conmigo.

—Vale, ¡estás ciego! Que me da igual lo que pienses de Kenny. Solo intento ayudarte. —Ya me empezaba a alterar. Lo notaba.

—Tienes razón. ¿Qué hago?

—Mientras no abras tu mente, no encontrarás una solución.

—Mi abuela podría enviarme el dinero. Pero claro, tardaría al menos una semana.

Y ahí estaba yo: ¡Jimena al rescate!

—Hablaré con mi abuelo. Pero antes, asegúrame que ese dinero te lo enviará tu abuela.

—Luego te llamo y te lo confirmo.

—Perfecto. Me voy para casa.

Nos despedimos.

—¡Jimena! —Matt se volvió a medio camino.

—Dime.

—Gracias. —Su sonrisa mostró agradecimiento por mi ayuda. Lo noté relajado.

Solo quedaba lo más difícil: que mi abuelo accediese a dejarme el dinero hasta que le llegase a Matt el de su abuela, y así poder devolvérselo.

Capítulo 32

Los dolores cada vez eran más fuertes. Las pastillas que me mandó el doctor no me hicieron efecto. A veces, las punzadas en el vientre eran tan fuertes que me quedaba doblada unos minutos. Cogía fuerzas e intentaba continuar lo que hacía.

Hablé con el abuelo Juan. Le expliqué por encima lo ocurrido y, sin dudarlo, se ofreció a ayudar a Matt. Acordamos que por la mañana iría a su banco a sacar el dinero y me lo tendría preparado para que lo recogiera por la tarde.

Llamé a Matt entusiasmada. Había encontrado una solución para ayudarlo. Respondió Kenny. Al escuchar su voz, mi cuerpo se tensó. No lo podía evitar. Ese chico tenía algo que hacía que mis instintos se activasen cada vez que se cruzaba en mi vida.

—¿Se puede poner Matt? —pregunté, molesta.

—Podría, pero no se va a poner.

—Es importante.

—Tan importante no será. Ahora está ocupado con una amiguita en su habitación. —Sus palabras eran hirientes. Él lo sabía, por eso las decía.

—Me parece muy bien. Está esperando mi llamada. Si eres tan amable…

—Amable puedo ser todo lo que tú quieras. Ya me ha dicho Matt cómo eres en la cama. ¿Por qué no me lo demuestras?

—¿Qué? Eres gilipollas, tío.

Colgué. No lo soportaba. Y Matt no se daba cuenta de cómo era. Tenía mala vibra. El primer día que lo conocí, vi una mirada sucia en él. Y ¡oye!, no me equivoqué. ¿Y si era verdad lo que me dijo? ¿Estaría con otra chica? Aunque no debía agobiarme, no tenía que darme ninguna explicación. Ya no estábamos juntos.

A la mañana siguiente, Matt no apareció por clase. Quería evitar al profesor hasta que tuviera el dinero para pagar la fianza.

Me hizo llegar una nota en la que me decía que nos veríamos esa misma tarde en la Alameda.

Cuando almorcé, bajé a casa del abuelo. Como me dijo, me tenía preparado el dinero para que Matt arreglara el problema. Aún no le había dicho que no estábamos juntos. El abuelo estaba encantado con él. No quería disgustarlo. Además, yo no estaba preparada para decírselo. La razón: ni yo misma lo sabía.

—Gracias, abuelo. En cuanto le llegue la transferencia a Matt, te lo doy.

—No te preocupes, gorda. Confío en ti.

—Te quiero mucho, ¿lo sabes?

—Lo sé, cariño. Para eso estoy aquí, para ayudarte en todo lo que pueda.

Le di un gran abrazo y un beso. No podía quererlo más.

—Gracias, gracias y mil veces gracias, abuelo.

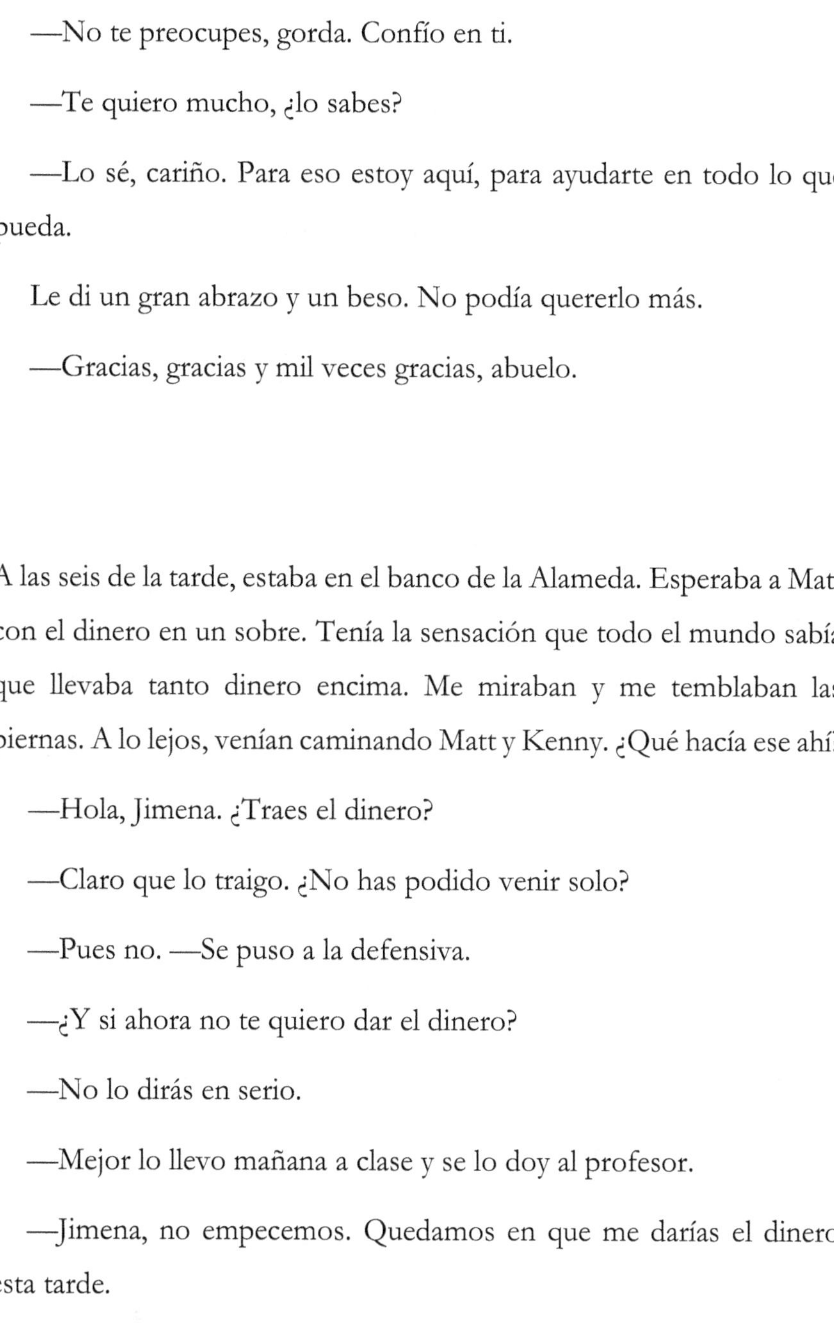

A las seis de la tarde, estaba en el banco de la Alameda. Esperaba a Matt con el dinero en un sobre. Tenía la sensación que todo el mundo sabía que llevaba tanto dinero encima. Me miraban y me temblaban las piernas. A lo lejos, venían caminando Matt y Kenny. ¿Qué hacía ese ahí?

—Hola, Jimena. ¿Traes el dinero?

—Claro que lo traigo. ¿No has podido venir solo?

—Pues no. —Se puso a la defensiva.

—¿Y si ahora no te quiero dar el dinero?

—No lo dirás en serio.

—Mejor lo llevo mañana a clase y se lo doy al profesor.

—Jimena, no empecemos. Quedamos en que me darías el dinero esta tarde.

—Quedamos en eso. Pero resulta que has aparecido con el principal sospechoso para mí.

—¿Qué dices?

—Que para ti no lo sea, no quiere decir que realmente no lo sea.

—Esta tía es una puta, ¿a qué viene eso? —Kenny entró en la conversación. Una conversación que por momentos subía de tono.

—¡Eh, tú! A mí no me insultes. —Salió a relucir mi mal humor—. ¿No piensas decirle nada? —Miré a Matt, escrutándole, a esperas de que dijera algo para defenderme.

—Lo estás acusando de ladrón.

—¿En serio? No puedo creerlo.

—Está mal que te haya insultado, pero ha reaccionado a tu acusación.

—¿Acusación o realidad?

—Jimena, no vayas por ese camino.

—No pienso hablar contigo mientras esté él delante.

—Me pones de los nervios. ¿Por qué lo pones todo tan difícil? ¡Joder!

—Será porque no te gusta escuchar la verdad. Te gusta vivir en la mentira.

—No te pases, Jimena —me advirtió.

—¿En serio me estoy pasando? Yo juraría que no.

—No sabes nada de mí. Que te hayas acostado conmigo no te da derecho a decirme lo que tengo que hacer.

—Yo… —Me quedé sin palabras.

—No significas nada para mí. ¿Quieres saber la verdad? Solo fuiste un juego. —Matt intentaba herirme a toda costa.

—No es cierto. Estás mintiendo. —Las lágrimas empezaron a correr por mi rostro.

—No miento. Eras un reto. El premio fue acostarme con una virgen, y así lo hice.

—No te creo.

—Créeme, porque te digo la verdad.

—Confiaba en ti.

—Solo eres una cría caprichosa.

Los gestos de su cara eran fríos. Era como si se hubiera convertido en un robot. Como si los sentimientos le hubieran abandonado. Si quería herirme, lo había conseguido. Con todo el dolor de mi corazón, lo vi. Solo era un juguete en manos de Matt. Me dejé llevar. Me suplicó que confiara en él y así lo hice. Me sentía engañada. Era una ilusa con la que habían jugado al amor y la habían conseguido destrozar.

Comencé a sentirme mal. Me mareé. No quería demostrarle a Matt que era débil. Me sequé las lágrimas. Me erguí como pude. Saqué el sobre y se lo di.

—Mi abuelo espera que le devuelvas el dinero.

—Así haré.

Me fui de allí sin mirar atrás. Dejé al chico que me había roto el corazón en pedazos. Mi primer amor.

Matt no era la primera persona que me gustó, me di cuenta que era por el que hice cosas que jamás hubiera pensado hacer y las que nunca olvidaré.

Capítulo 33

—¿Dónde estoy?

Del sobresalto, me hizo estremecer de dolor. Aturdida, miraba para todos lados. La cara de mi madre era de total preocupación.

—¡Ay, mi niña! ¡Estás despierta!

—Mamá, ¿dónde estoy? —pregunté, asustada.

—En el hospital, cariño. ¡Qué susto tan grande nos has dado!

—¿En el hospital?

Mi aturdimiento era mayúsculo. ¿Por qué estaba en el hospital? Solo recordaba el encuentro con Matt en la Alameda, lo mal que me hizo sentir y las punzadas en el vientre.

—Jimena, escúchame. Llevas dos días en coma.

—¿Dos días? ¿Por qué, mamá?

—La otra tarde, al llegar a casa, te desplomaste en la puerta. Menos mal que pasó un vecino y te auxilió. Llamamos de inmediato a la ambulancia.

—No recuerdo nada. —La angustia se apoderaba de mí. ¿Cómo había podido ocurrirme algo así y no recordarlo?

—Tranquila, cariño. Ven aquí. —Mi madre me acurrucó en sus brazos como cuando era una niña y estaba asustada—. Todo está bien. Ya pasó todo.

—Mamá, me duele mucho la tripa, apenas puedo incorporarme.

—Es normal, entraste inconsciente a consecuencia de una peritonitis.

—¿Peritonitis? ¿Eso qué es?

—Es una inflamación del apéndice. Jimena, ¿Cuánto tiempo llevas aguantando los dolores? Dime la verdad. —La voz de mi madre se volvió más firme.

—Desde el día que me desmayé en clase, mamá. Cada vez los dolores han sido más fuertes, tenía mareos, cansancio y a veces incluso falta de apetito.

—Con razón has llegado a este punto. Mira que eres bruta. ¡Ay, Dios mío! Menos mal que han sabido atenderte rápidamente. Si no, yo no sé qué hubiera pasado. —Mi madre comenzó a llorar.

—Mamá, lo siento mucho. No pensé que fuera para tanto.

—Pues claro que no ha sido para tanto. —Esa voz me sorprendió gratamente.

—¡Abuelo! ¡Estás aquí! —Qué alegría me daba siempre que estaba junto a él.

—Pues claro que estoy aquí. ¿Dónde si no?

El abrazo de mi abuelo me reconfortó. Lo vi preocupado.

—He oído que mi gorda ha despertado, y aquí que he venido el primero.

—Abuelo, no me acuerdo de nada.

—Cariño, entraste con tanta fiebre e inconsciente que es normal —me explicó.

—Eso me ha dicho mamá.

—Menos mal que has estado en las mejores manos. Ya me encargué yo de eso. —Me guiñó un ojo. Siempre tan truhan.

—Seguro que sí. —Le sonreí.

—¡Hola, hola! ¿Cómo está mi hermana favorita? —Ahí estaba Lucas. También había venido. Traía una caja de bombones. Lo miré sorprendida.

—¿Tan grave he estado para merecerme este regalo?

—La verdad es que es para compartir entre los dos, pero sí, hermanita, has estado muy grave. Nos tenías muy preocupados a todos.

—Lo siento mucho.

—No tienes que sentirlo, pero la próxima vez hazme el favor de decirnos cuando te duela lo más mínimo. Aunque pienses que es una tontería, ¿entendido?

—Lo prometo.

—Como todavía no puedes comerte ningún bombón hasta que te lo autorice el médico, yo voy a comer uno por ti.

—¡Caradura!

Los cuatro nos echamos a reír. Este Lucas con sus bromas. Pero ¡oye!, era de agradecer, siempre relajaba el ambiente.

—Papá vendrá luego. Ha estado estos días aquí con nosotros, pero ha tenido que volver al trabajo. Lo voy a llamar ahora mismo para que sepa la buena noticia.

—Dale un beso enorme de mi parte.

—Espera, Chesca, me voy contigo. —El abuelo me miró con ternura—. Me alegro que estés bien, cariño. Pero ya sabes que me ponen nervioso los hospitales. Mejor vuelvo por la tarde a verte. ¿Te parece?

—Claro, abuelo, no te preocupes. Yo ya estoy bien.

—Sí, sí, como siempre.

Ambos salieron por la puerta de la habitación. Me quedé a solas con Lucas. Y para no perder su esencia, fue al grano:

—¿Qué ha pasado con Matt?

—¿Qué ha pasado?

—No te hagas la tonta, Jimena, que nos conocemos.

—Ya no estamos juntos. No ha funcionado.

—¿Y ya está?

—El médico nos dijo que además de los dolores que te ocasionaron la peritonitis, llegaste a urgencias con un estrés tan alto que tuvieron que sedarte más tiempo de lo que les hubiera gustado.

—Sería de aguantar tantos días los dolores.

—Si no quieres decírmelo, lo entiendo, pero déjate de tonterías conmigo.

—Vale, perdona. Discutimos esa misma tarde. Dijo cosas muy crueles que me destrozaron. Sentí como el corazón se me partió en pedazos. —Mi hermano escuchaba con atención—. Resumiendo, me ha hecho mucho daño. Pero lo que más me fastidia de todo esto es que sigo enamorada de él. Aunque él sienta otra cosa.

—Tengo una idea que puede animarte. —Miró su reloj, nervioso—. Espérame aquí. No te muevas.

—Mírame, ¿crees que me puedo mover? ¡Si no puedo ir ni al baño sola!

Unos minutos después, mientras miraba hacia el techo, pensativa, para intentar recordar lo que ocurrió, sin éxito, la puerta se abrió.

—¡*Tachán*!

Mi hermano entró con una sonrisa enorme acompañado de Chencha.

—¿Chencha? ¿Eres tú? ¿Qué haces aquí?

—Pues claro que soy yo. ¿Quién si no va a recorrer tantos kilómetros para verte?

Abrí los brazos rogándole que se acercara. Chencha, mi Chencha, había vuelto. ¡Qué alegría tenerla ahí! Se acercó a mí y, con mucho cuidado, nos fundimos en un abrazo.

—¡Cuánto te he echado de menos! —me dijo con lágrimas de felicidad en los ojos.

—¿Cómo es que has venido?

—Tenía que venir, ya me conoces. Papá me contó lo ocurrido. Estaban todos muy preocupados, Jimena. El coma inducido nos dejó a todos en *shock*.

—Imagino.

—Menos mal que ha salido todo bien. Yo no me hubiera perdonado el no estar aquí para verte.

Las lágrimas volvieron a salir. Con un pañuelo de papel que tenía preparado en el bolsillo, se las limpió.

—Chencha, estoy bien. Mírame.

Me miró, me escrutó con detenimiento.

—Pareces mayor, mucho más mayor. Ya me entiendes.

La risa tonta me salió sola. Imaginaba a lo que se refería. Mi hermano levantó las manos en rendición.

—Vale, vale. Estos temas no me interesan, me voy a buscar a mamá a la cafetería.

Las dos nos reímos. Sin hablarnos, con solo mirarnos, sabíamos a lo que nos referíamos.

—¿En serio se me nota?

—Me temo que sí. Eres toda una mujercita, como diría mi abuela.

—Ay, qué vergüenza más grande.

—¿Vergüenza por qué? Eso es una maravilla. Has probado el fruto prohibido.

—¿El fruto prohibido? Estás loca, Chencha.

—Un poco sí que lo estoy.

Risas, muchas risas y complicidad. Me di cuenta que la extrañé más de lo que imaginaba.

—Estoy un poco preocupada. No me ha bajado la regla, y ya no sé qué pensar.

—Pues no pienses en nada, nenita.

—¿Cómo que no? ¡Podría estar embarazada!

—Yo te digo que no lo estás.

—¿Ahora eres adivina o algo así?

La miré esperando que me dijera qué sabía.

—Bruja no sé si seré, pero he oído a tu madre y al doctor hablando de los análisis y le ha confirmado que no estás en estado.

Respiré tranquila. Me entró una paz enorme.

—¿En serio?

—En serio, señorita folladora. Pero una cosa sí que te voy a decir: durante un mes o más, no podrás echar un polvo, ¿entendido? Tienes que recuperarte.

—Pues mire usted, señorita, la dejaré muy tranquila con lo que le voy a decir.

—¿Sí? Soy toda oídos.

—Matt y yo no estamos juntos. Me dejó hace unos días. La misma tarde que ocurrió todo esto, se aseguró de que me enterara con claridad.

—¿Qué? —La cara de asombro de Chencha era un poema.

Me hacía mucha gracia cuando se ponía en plan madre.

—Verá cuando lo coja. Ese se entera.

—No, Chencha, ya pasó todo. Ahora solo quiero olvidar.

Capítulo 34

Los días en el hospital pasaron demasiado despacio. Poco a poco, empecé a comer. Primero, dieta a base de líquido; posteriormente, una dieta blanda. Le cogí asco al pollo a la plancha y al puré de verduras. ¡Qué ganas tenía de salir de ahí!

La herida cicatrizaba bastante bien. Los dolores desaparecían con lentitud. Solo necesitaba tiempo. En nada, volvería a estar como nueva.

En un par de semanas terminarían las clases. Prácticamente, como tenía hecho todos los parciales, el claustro de profesores dio por finalizado mi curso. No suspendí ninguna asignatura. ¡Qué alegría cuando mi madre me lo dijo! Una preocupación menos. Ahora solo me quedaba recuperarme y pasar el verano lo mejor posible. Aunque debido a las circunstancias, no pintaba muy divertido.

—Princesa, ¡nos vamos a casa! —exclamó mi padre, feliz, al entrar en la habitación.

—¡Por fin! —Me puse aplaudir de felicidad.

—¿Cómo está hoy mi hermanita? Nos vamos para casa. —Mi hermano Lucas entró justo detrás de papá.

—¡Sí!

Los tres aplaudimos de felicidad. Por fin dejaríamos atrás esa pesadilla que nos trajo tantas preocupaciones. En el momento de la celebración, entró el doctor.

—Me alegra ver tanto entusiasmo.

—Sí, doctor, por fin me voy a casa.

—Cierto. Pero recuerda que tienes que hacer vida sedentaria los primeros quince días. Y tienes que seguir curándote los puntos en tu centro de salud. La alimentación, que no sea muy pesada. ¿Entendido?

—Entendido.

—Necesito que me acompañe a firmar el alta de la paciente —le dijo a mi padre.

Lucas me ayudó a vestirme. Aunque la enfermera me había quitado el gotero, aún necesitaba ayuda para incorporarme. Los puntos me tiraban mucho y tenía algunas molestias.

—Quédate aquí tranquila, que voy a ir adelantando. Dejaré esto en el coche mientras papá firma tus papeles del alta. — Cogió las bolsas y algunos regalos que había recibido de familiares y amigos. Me guiñó un ojo y salió.

Estaba entretenida mientras me hacía una coleta, cuando alguien entró en la habitación.

—¿Todo listo, papá? —No me contestó—. Salgo en un segundo.

Al salir, mi sorpresa fue enorme. Mi padre no era quien me esperaba, ¡era Matt! Matt estaba plantado a los pies de la cama, y parecía muy nervioso. Me paralicé.

—Jimena, ¿estás bien?

Con pasos cortos, llegué hasta el sillón del acompañante del paciente y me senté muy despacio, los puntos me tiraban mucho.

—Espera, te ayudo. —Se acercó a mí y me cogió por el brazo.

—No necesito tu ayuda. —Me solté, y Matt aceptó mi desaire—. ¿Qué haces aquí?

—Estaba muy preocupado. He ido a darle el dinero a tu abuelo y me ha contado lo que ha ocurrido. No lo sabía.

—No tenías por qué saberlo.

—Si lo hubiera sabido, habría venido a verte.

—Tranquilo, no necesito que estés aquí.

—Jimena, yo…

—Quedó todo claro entre nosotros.

—De eso quería hablarte.

—Márchate, por favor.

—Jimena, escúchame.

—Te ha dicho que te marches. —Lucas entró en ese momento en la habitación.

En un segundo, el aire se podía cortar un cuchillo. Se respiraba tensión.

Matt fue inteligente, y reaccionó lo más tranquilo posible.

—De acuerdo, me iré. —Me lanzó una mirada de ruego—. Llámame, por favor. Tenemos que hablar.

No contesté. ¿Para qué? No quería hablar con él. Solo verlo me causaba dolor. En ese momento tenía que pensar en mí y recuperarme.

Matt

Al salir de la habitación, me crucé con Chencha por el pasillo del hospital.

—Chencha, estás aquí.

—Sí, he vuelto una temporada para estar con Jimena.

—Estás muy cambiada. Tu pelo…

—Sí, no solo mi pelo. He cambiado mucho. Ahora huelo de lejos a los capullos, ¿sabes?

—Chencha…

—Tengo un radar que me avisa a kilómetros. Y contigo no ha fallado.

—Imagino que Jimena te ha puesto al día.

—Así es.

—He venido para hablar con ella. Me siento fatal.

—Le has hecho mucho daño.

—Lo sé. Necesito hablar con ella.

—Creo que por ahora deberías esperar.

—¿Por qué?

—Matt, está todo muy reciente. Sé lo que pasó, y también sé por lo que estás pasando tú en estos momentos.

—¿Cómo lo sabes?

—Pues creo que al final voy a ser medio bruja. Tenemos amigos en común, aunque no lo creas, y me han puesto al día. Sé que resulta muy duro todo lo de tu padre, tu madre y el robo del dinero, pero le has fallado a la única persona que siempre ha estado ahí para ti.

—Lo sé. Y la extraño mucho.

Mis lágrimas no tardaron en salir. Estaba arrepentido. La edad me había jugado una mala pasada.

—Te entiendo, pero Jimena necesita descansar para mejorar, y si entras en su vida de nuevo, no le hará bien.

—¿Qué hago? Ella es lo único bonito que he tenido en esta puta vida y lo he echado todo a perder.

—Dale tiempo. Te prometo que estaremos en contacto. Ahora, soluciona todo lo que tienes encima y vuelve a por ella sin esos fantasmas que te atormentan.

—Sí que has cambiado, Chencha.

—Eso parece.

Nos entendimos a la perfección. Los dos amábamos a Jimena, pero la habíamos perdido para siempre. Chencha prefería tenerla como amiga a no tenerla. Y a mí solo me quedaba esperar para que el destino la volviera a poner en mi camino.

—Adiós, Matt. Cuídate.

Me marché con tristeza. La culpa de todo lo que pasaba era mía. Había alejado a Jimena de mi vida para siempre. Entendía su reacción al verme.

Capítulo 35

La recuperación era lenta y aburrida. Desde que vi a Matt en el hospital, no volví a saber nada de él. Y es que así lo prefería. No me encontraba con ganas de hablar de nada. No sería capaz. Seguía enamorada, aun a sabiendas de todo lo que conllevaba. Si me dejaba llevar por el corazón, caería en caída libre sin darme cuenta siquiera. Tenía que empezar a ser egoísta y pensar en mí. Creía ciegamente en el amor. Y Matt fue mi primer amor. ¡Hacíamos tan buena pareja…! Me angustiaba pensar en él. Pero se acabó. Él lo decidió. Me destrozó en todos los sentidos que se pueden destrozar a una persona. Es increíble cómo alguien puede romper tu corazón, recomponerlo y seguir amándolo con cada uno de los pedacitos. Dormirse con el corazón roto y con lágrimas en los ojos es la peor tortura que se puede sufrir. No se lo deseo a nadie. Tenía que remontar. Podía con ello. Intentaba convencerme cada día. Alguna vez haría efecto.

Los días eran aburridos. De la operación estaba casi recuperada del todo, pero del corazón no había operación que me lo curase.

Ese día, decidí guardar todos los recuerdos que me llevasen a Matt. Me encontré con la foto que nos hicimos en el zoológico. Recuerdo que fue alucinante. Pasamos el día los dos solos, y antes de terminar la visita al parque, nos quedamos un rato en la zona de juego. Allí, Matt fue a beber a la fuente y cuando creía que había terminado, vació en mí toda el agua que le entró en la boca. Me puso *pipando*[19]. Ahí empezó la guerra de agua. A ver quién mojaba más al otro. Cansados y empapados como esponjas, me senté en el respaldo de un banco verde que encontré en un merendero. Matt se acercó a un crío que jugaba por allí y le pidió que nos hiciera una foto.

—Este momento hay que recordarlo —dijo, orgulloso de lo que había provocado.

Se sentó delante de mí, me cogió los brazos, se abrazó con ellos y le dijo al chico:

—¡Ahora! —Y le guiñó un ojo.

Esa foto era la que tenía en mis manos. Ese recuerdo estaba grabado a fuego en mi mente y arraigado en mi corazón. Lo intentaba, lo juro. Ponía todas mis fuerzas en olvidarlo, pero era tan difícil y tan doloroso que necesitaba tiempo. Todo me recordaba a él.

En el fondo, tenía la esperanza de despertarme y que todo fuese una pesadilla. Era una ilusa. Necesitaba cambiar de aires, dejar que pasase el tiempo. Solo así podría sanar mis heridas.

---

[19] estar calado por el agua.

—Levanta, dormilona, son las siete de la tarde y sigues en la cama —dijo Chencha en tono acusatorio.

—Chencha, déjame, por favor. No tengo nada mejor que hacer —le supliqué.

—Pues creo que sí. En un par de días me vuelvo a Londres, y no quiero dejarte así.

—¿Qué quieres que haga? —La miré con intriga. De Chencha me esperaba lo peor. Seguro que ya había ideado algo en esa cabecita loca.

—Primero, que te vistas. Y segundo, que salgas a la sala de estar. Tus padres y yo tenemos que hablar contigo.

Me sorprendió tanto que por poco me caigo de la cama.

—¿Mis padres y tú? ¿Qué has hecho, Chencha?

—Ahora lo verás. —Y sin más, salió de mi habitación dejándome con una curiosidad extrema.

Me vestí todo lo rápido que pude. Estábamos a primeros de julio y hacía mucho calor en ese rinconcito del sur de España. Me puse un vestido de tirantes y salí de mi habitación descalza y sin peinar. Los tres me esperaban sentados en el sofá. Parecían la Santa Inquisición. Verlos a los tres sentados, tan serios, imponía bastante.

—¿Y bien? Decid algo, que me estáis preocupando.

—No te preocupes, cariño —dijo mamá con su tono dulce.

—Pues decídmelo ya, por favor.

—Hemos pensado que, como ya estás totalmente recuperada, te vendría bien cambiar de aires. ¿Qué te parece si te vas unos días con Chencha a Londres?

Mi cara de asombro era un poema. Imagino que mi cara era como la de Jim Carrey en la peli de *La Máscara*, con la boca hasta el suelo, pero sin la piel verde.

—¿Que qué me parece? ¡Me encanta la idea!

Chencha saltó del sofá como si le hubieran pinchado el culo con una aguja, y se acercó a mí, gritando de alegría. Las dos nos pusimos a dar saltos de alegría. Mis padres me dejaban irme sola de viaje a Londres con mi mejor amiga. No sé qué habría pasado por sus cabezas, o quién podía estar detrás de todo eso, pero yo estaba feliz. Y por un momento me olvidé del fenómeno Matt.

Capítulo 36

—Verás cuando lleguemos a Londres, ¡te va a encantar! —Chencha estaba ilusionada.

Las dos, sentadas en nuestros respectivos asientos del avión, cogidas de la mano y con los ojos cerrados, esperábamos a que el avión terminara de despegar.

—Lo sé, amiga, lo sé. Pero ahora no puedo hablar.

Era la primera vez que me subía a un avión, ¿cómo me iba a salir el habla? Estaba muy ilusionada con el viaje, pero los nervios no me dejaban disfrutar del momento como quería. Tenía sudores fríos y un cosquilleo en el estómago que iba en aumento. Notaba cómo los latidos de mi corazón se aceleraban por segundos y tenía unas ganas locas de gritar. Parecía loca, pero era lo que sentía en esos momentos. Y a todo eso, se le sumaba la ilusión de mi primer viaje con mi mejor amiga. ¿Qué más podía pedir?

Una vez en el aire, escuché una campanita, y se encendió la luz del símbolo que indicaba que teníamos luz verde para quitarnos el cinturón. Nos los desabrochamos y, más tranquilas con un paquete de patatas y unas latas, nos pusimos a charlar de lo que nos esperaba en este viaje.

—Te va a encantar Londres. También tiene su historia, ¿sabes?

—¿Sí? —pregunté sorprendida. Chencha estaba hablando de historia, ¿qué me había perdido?

—Fíjate si tiene historia que también estuvieron los romanos allí. La llamaron Londinium. ¡Mola el nombre! Londinium. De ahí viene Londres.

—Oye, ¿desde cuándo te gusta la historia a ti?

—No es que me guste, pero tengo un compañero de piso que es guía turístico. Y bueno, pues me entero de curiosidades que molan de la ciudad y alrededores.

—Así que compartes apartamento con un guía turístico.

—Lástima que sea lesbiana, porque el chico es muy *sexy*.

—¡Qué cosas tienes! Por cierto, ¿habla español?

—Pues claro, chica. ¿Qué te pensabas? Además, no te lo vas a creer, también es de Jerez.

Me despertó el interés. Un guía turístico en Londres y que encima era de Jerez. Ese viaje prometía. Cada momento que pasaba, más ganas tenía de llegar.

—Su nombre es David, pero lo conocemos todos como Pirulo. Es muy enrollado. Te garantizo que, con él, tienes la diversión asegurada.

—Pinta bien. —Le guiñé un ojo.

—Es emprendedor. Ha creado la primera empresa de *tours* turísticos en Londres. Te aviso que es un poco inusual. No es a lo que estamos acostumbradas. Más bien, crea los grupos y, al finalizar la visita, cada persona le da la cantidad que deseen. Normalmente va en consonancia de si les ha gustado mucho o poco.

—Es original. ¿Cómo se llama la empresa?

—Creo que algo así como Free-tour. A lo tonto se saca un buen dinero. Como tiene tanta facilidad de palabra y es tan divertido, todos los clientes terminan encantados con la visita.

—Estoy deseando conocer a ese tal Pirulo.

Nos miramos y nos reímos con pitorreo. El viaje comenzaba de lo más agradable.

Al llegar al aeropuerto de Heathrow, nos esperaba David. El muy *chuflón*[20] había hecho un cartel con mi nombre y el de Chencha, como si fuera el típico chófer que viene a recoger a sus clientas. Hasta se había vestido para la ocasión con traje negro, camisa blanca, corbata y una gorra negra de chófer. Chencha no exageraba en lo que me había contado.

—Señorita Durán, déjeme que la ayude con su equipaje —dijo mientras se acercaba a mí y agarraba mi mochila que llevaba en la espalda. Me entró la risa nerviosa.

—Muchas gracias, caballero. —Intenté meterme en mi papel de clienta para seguirle el rollo.

---

[20] bromista

—Aquí se dice *gentleman* —me susurró al oído, como si me avisara para que no me regañaran.

—Lo tendré en cuenta, *gentleman*.

Los tres reímos como si nos conociéramos de toda la vida. Tuvimos conexión desde el primer momento, y eso nos facilitó mucho la convivencia durante los días que me quedé en Londres. Cenamos unas pizzas. Hablamos de nuestra tierra, la añoranza de la tierra lejana. David nos deleitó con uno de sus cuentos. Además de ser guía turístico, era narrador de cuentos. Este chico era una caja de sorpresas. Nos contó un cuento inventado por él sobre el zorro y la cigüeña. El tío tenía una facilidad de palabra impresionante. Te podía envolver con su voz y describía tan bien la historia que hacía sentirla como si fueras un personaje más del cuento. Fue alucinante. Al terminar, le aplaudimos como niñas entusiasmadas pidiendo otro. Pirulo se vino arriba y, esta vez, nos recitó el poema de la libélula. Mi cara se descompuso. ¿Por qué a más de dos mil kilómetros de distancia seguía acordándome de él?

—¿He dicho algo que no debía? —preguntó a Chencha. David se dio cuenta de algo, pero el pobre no sabía de qué.

—No, no te preocupes. Al escuchar libélula me he acordado de alguien que me hizo mucho daño.

—Lo siento mucho, Jimena —se disculpó.

—Nada, no te preocupes, solo es cuestión de tiempo y de distraerme. Y para eso estoy aquí tan bien acompañada.

Miré a ambos y les sonreí. Ellos no tenían por qué agobiarse por mi culpa. Se miraron como si supieran algo que yo no sabía. Se hacían gestos con la mirada en plan disimulo. Ellos creían disimular, pero no se les daba muy bien. Parecían dos borrachos que jugaban al póker.

—¿Me he perdido algo? —pregunté con la mosca detrás de la oreja.

—No mucho —dijo Chencha—. Mira que hay poemas, y vas y te acuerdas de una libélula. ¡Ya te vale, Pirulo!

—Vale, vale. —Levantó las manos como disculpa.

—Dejémoslo estar. Es mejor que continúes con otro poema y ¡solucionado! —dije para zanjar el tema.

Terminamos la velada entre risas, cuchicheos y cuentos.

—Será mejor que me acueste. Mañana nos espera un gran día.

—Buenas noches, cariño. —Se acercó Chencha y me dio un beso.

—Ha sido un placer conocerte, Jimena. No me pareces tan pija y estirada como me habían dicho —soltó Pirulo, sin anestesia.

—¡David! —gritó Chencha enfurecida.

—Déjalo. Me he dado cuenta que es espontáneo como él mismo. No os preocupéis por mí. Estoy de maravilla.

Esa palabra, solo una simple palabra, me revolvió por dentro. El día que me dijo «mi pequeña libélula» fue la primera vez que hicimos el amor. Eso no se olvida. Nunca se olvida. Y yo no quería olvidarlo. Lo extrañaba tanto…

Me quedé dormida con nostalgia. Me torturaba a mí misma recordando con intensidad una y otra vez todos los sucesos vividos.

Capítulo 37

—¡Despierta, Jimena! —Mi amiga, me zarandeó sin miramientos—. ¡Estás en Londres!

—Siempre he envidiado la energía con la que te levantas —conseguí decir aún con legañas en los ojos. Estaba acurrucada en la cama, tan calentita, que me costó procesar los gritos de mi amiga.

Chencha se encogió de hombros. Olía a mandarina, el perfume que le regalé cuando éramos niñas. Mis recuerdos volaron al día que se lo regalé. Ese día juró que siempre lo usaría. Y allí estaba ella, delante de mí, con su cabello rubio, más largo de lo habitual, y su sonrisa arrebatadora.

—David nos tiene preparado un *tour* de lo más londinense. Te va a encantar. ¡Ya verás!

Me incorporé en la cama. Me miré en el espejo de la habitación que me habían dejado durante estos días. La habitación hacía las veces de sala de estudios y de trastero. A la derecha del sofá cama estaba la bici de David; y al otro lado, una especie de escritorio. Había carteles de la empresa del compañero de Chencha por todas partes y trozos de tela de mi amiga tirados por todas partes. Al parecer, quería estudiar diseño.

Mi pelo era un desastre y mi cara de haber dormido poco, pero con una luz natural que se reflejaba en mi rostro, que hasta me vi guapa.

—Dame unos minutos que me arregle y nos vamos. —Comencé a vestirme a mil por hora.

—Estupendo. Desayunaremos algo por el camino.

—¡Sí! Me muero por unas tostadas con tomate y un Colacao calentito —comenté en voz alta mientras me cepillaba el cabello.

—¿De dónde vas a sacar aquí unas tostadas, alma de cántaro? Anda, espabílate, ahora te digo lo que se desayuna por estas tierras.

Salió de la habitación muerta de risa. A veces podía ser un poco inocente, o mucho, según se mire, pero me sentía poderosa, con energías, e ilusionada de conocer una ciudad tan alucinante como Londres.

Salí de la habitación con un *look* improvisado: un vestido de tirantes azul, con flores blancas, unas bambas de tela blancas, y una chaqueta vaquera. Aunque era finales de julio, en Londres hacía una rasca que apetecía ponerse una manga larga. Soy del sur, y allí tenemos sangre caliente. Acompañé a mi *look* con una gorra Gatsby a juego. Dejé mi pelo castaño suelto y me puse mis inconfundibles gafas negras. Ya estaba lista para mi *tour* personalizado.

—Por fin la señorita ya terminó de arreglarse —dijo David con guasa. Esa guasa tan típica de mi tierra. Esa guasa que solo un jerezano sabría decirla y aceptarla.

—Pues sí, aquí estoy. ¿Te gusta mi modelito? Porque a mí me encanta. —Le sonreí.

Con esa sonrisa entendió que todo estaba bien entre nosotros. Él era todo un bromista y yo las aceptaba encantada.

Comenzamos a caminar por las calles de Londres. Charlábamos animadamente. Yo estaba entusiasmada y no quería perderme nada.

—Bueno, ¿dónde vamos? Sorréndame, señor Pirulo.

—Te vamos a llevar a Dishoom Carnaby Soho. Es una cafetería muy curiosa. Al entrar, te da la sensación que estás en un café de Bombay. Sus desayunos son alucinantes. Y con el tema precio, no superan las veinte libras —me explicó David guiñándome un ojo.

—Me muero por probar uno de esos desayunos.

—Hoy probarás el típico desayuno británico: *bacon*, huevos fritos, salchichas, *hash brown*, *black puddind*, tomate frito y champiñones. Todo acompañado de una tostada y un *early tea* —dijo Chencha como si recitara una oración.

—¿Te has quedado a gusto? Yo me he perdido. ¿Seguro que eso es un desayuno, o un plato combinado de una venta jerezana?

—Ahora que lo dices, parece un plato combinado —saltó David.

—No lo había pensado. ¡Qué fuerte! —Alucinó Chencha por el descubrimiento que acababa de hacer.

—Decidme qué son esas cosas en inglés, porfa —supliqué. Mi inglés era un poco básico.

—El *hash brown* son patatas y migas de pan fritas en forma de hamburguesa. El *black pudding* es morcilla, y el *earl tea* es el té típico de aquí, el que sale en las películas —contestó David traduciéndomelo todo.

—¿Todo eso para una sola persona? —pregunté con curiosidad.

—Podríamos compartirlo si ves mucha cantidad —propuso Chencha.

—Mejor, ya sabes que tan temprano no puedo desayunar mucho.

—Habló la pija. —Pirulo puso los ojos en blanco y resopló.

—Me da a mí que se me va a quedar eso de pija —dije arqueando una ceja. Los dos se miraron y se sonrieron con la mirada—. Pero tengo una duda, ¿lo dices con buena o mala intención?

Lo miré decidida, con una seriedad que hasta a mí me extrañó. Ya me empezaba a cansar el apodo que me había puesto mi paisano.

—Con buena intención, si no te parece mal, pija. —Empezó a reírse tanto que Chencha y yo nos sumamos a él.

David entró el primero a la cafetería con la excusa elegir una mesa para tres. Nos dejó unos minutos a las dos solas, así que aprovechamos el tiempo cuchicheando un poco.

—David es así. Es un cachondo. Todo se lo toma a pitorreo, pero tiene un gran corazón. Ya verás cuando lo conozcas mejor —lo justificó Chencha entre susurros.

—Ya veo, a cachondo no le gana ni el *caballo rebolo*[21].

---

[21] expresión que se utiliza por la rapidez de algo.

La cafetería estaba decorada con un estilo hindú increíble. David tenía razón con su explicación. Daba la sensación de estar en la propia India. Plantas por todos lados, pero en su justa medida. Colores excitantes que alegraban la estancia, y un olor a especias de las que pude distinguir canela, cilantro y nuez moscada.

Tras el atracón que nos dimos con el desayuno, comenzamos el *tour* personalizado. David se metió en su papel de guía y nos llevó por un Londres hasta ahora desconocido. Se le veía como pez en el agua. Su voz transmitía seguridad y estaba muy cómodo con las explicaciones.

—Para comenzar este recorrido, tengo que mencionar que el origen de la ciudad de Londres remonta al año 55 a.C. con el nombre de Londinium. Fue habitada por tribus celtas, pero con la llegada de los romanos encabezados por Julio César, la ciudad progresó convirtiéndose en uno de los núcleos comerciales más importantes del imperio.

—Una ciudad con historia, como te gusta a ti —me dijo Chencha emocionada al ver mi cara de ansia por saber más.

Me entusiasma todo lo que tiene que ver con la historia. Disfrutaba mucho al escuchar a David explicarnos los orígenes de Londres. Era increíble lo bien que explicaba cada detalle de la ciudad.

—Antes de nada, os voy a llevar al kilómetro cero. Está ubicado en el centro de Londres, concretamente en Trafalgar Square, junto a la estatua del Rey Carlos I. Desde aquí se miden todas las distancias de Gran Bretaña.

Nos encaminamos hacia allí. Al llegar, nos encontramos cerca de Trafalgar Square junto a la estación de tren de Charing Cross. Chencha y yo buscamos una placa redonda en el suelo, pero no la encontramos. Al parecer, en Londres, el kilómetro cero se encuentra en un *monolito de estilo gótico.

—Dejad de buscar la placa en el suelo, que aquí no la vais a encontrar —nos dijo Pirulo con tono burlón, y nos señaló hacia el monumento.

Como buenas turistas, nos hicimos la foto típica en el kilómetro cero. Posamos los tres con el pulgar hacia arriba.

—Ahora, una foto a mis dos chicas jerezanas.

Las dos posamos como dos divas. David hizo algunas fotos y luego, haciendo eco de su personalidad divertida, nos hizo una foto con la genial idea de utilizar sus dedos de la mano izquierda dentro del encuadre en forma de perrito.

—Ya verás cuando la reveles en Jerez. Siempre te acordarás al verla que el perrito soy yo, el chico que te devolvió la sonrisa —dijo socarrón.

—Eres un payaso, ¿lo sabías?

—Si os fijáis bien, podemos ver las coronas de Castilla y León decorando las paredes de su basamento. Las estatuas que se repiten representan la imagen de la Reina Leonor de Castilla —nos explicó cambiando de tema.

—Siempre podremos encontrar retazos de la historia de España o personajes que estén relacionados con nuestro país —interrumpí completando su discurso.

—Eso mismo iba a decir yo —me confesó.

—La pija se te adelantó —contesté, bromista.

—Me gusta. No sabía que conocías tanta historia —admitió, satisfecho.

—De España, mucho más. De Inglaterra, lo básico. —Me encogí de hombros. Me gustaba leer novela histórica y eso me daba muchos conocimientos.

—Me alucina saber que hay gente tan joven como tú que disfrute de la historia.

—¿Gente joven? Tú solo tienes cuatro años más que yo. Si las cuentas no me fallan tienes veintitrés años, y cinco más que Jimena —enfatizó Chencha.

—Ya me entendéis. Es una forma de hablar —se excusó.

—No te preocupes, hombre —añadí.

—Un día tienes que contarme todo lo que sepas. Podríamos tener una charla interesante.

—Cierto. Una charla tuya y mía sobre historia, promete.

—Me agrada mucho escucharte. No sé qué tienes, pero me gusta. Algo hay que mi radar me pone en alerta.

A Matt también le gustaba escucharme. O al menos eso es lo que me daba a entender, ya no sabía qué pensar.

—Me alegra que te guste escucharme —contesté ruborizada.

Continuamos nuestro *tour* londinense. David nos enseñó la estatua más antigua al aire libre de la ciudad de Londres. La diosa egipcia Sekhmet. Nos contó la historia del león del puente de Westminster. Paseamos a orillas del Támesis. Visitamos el Palacio de Westminster y la Abadía. A la hora del almuerzo comimos en el mercado de Boroug, un lugar que gusta tanto a residentes como turistas debido a la gran variedad de comidas que tienen. Al entrar, nos dio una bocanada de olores nada convencionales que flotaban en el aire. Probamos unas hamburguesas llamadas The boroug burguer. Nos dejó sin palabras. Una hamburguesa que nada tenía que ver con lo que estábamos acostumbrados en Jerez. En el primer bocado nos despertó las papilas gustativas que, al parecer, estaban dormidas. Un sabor a queso, con pepinillos, cebolla caramelizada, carne de ternera y no sé qué salsa exclusiva del Chef Joseph. En una palabra: ¡espectacular! Comimos relajados.

Nos fijamos en la variedad de personas que pasaban por allí. Desde el señor enchaquetado hasta el *hippie* más *hippie* que te puedas imaginar. Todos coincidían en una cosa: el reconocimiento a la buena comida y al buen precio. Dos cosas unidas poco habituales en Londres.

Los pies no nos dieron para mucho más. Decidimos que al día siguiente sería otro día. David, al ser el propietario de su propio negocio, no había reservado ningún *tour* en toda la semana.

Justo debajo del apartamento, se encontraba un pub de cócteles que, según me comentaban, estaban de muerte. Decidimos encargar unos cuantos cócteles diferentes para compartirlos en casa más relajados.

—¿Cómo lo estás pasando? —me preguntó Chencha mientras se quitaba los zapatos y se sentaba junto a mí en el viejo sofá de la estancia que hacía de salón y cocina al mismo tiempo.

—Muy bien. Esta ciudad me ha enamorado. Y compartirla con vosotros dos es diversión asegurada —confesé.

—Me alegro mucho, Jimena. Espero que este viaje esté funcionando y desconectes de verdad de todo —se sinceró Jimena.

—No de todo, Chencha. Es difícil. No entiendo nada. Me trató muy mal, me habló peor. Dijo cosas horribles. No sé qué pensar. —Mi voz empezó a romperse al recordar a Matt.

—Seguro que tiene una explicación. Date tiempo. Quiérete a ti misma primero. —Me cogió la mano y me la acarició.

—Sí. —Agaché la cabeza. La tristeza se había convertido en mi acompañante de vida.

—Escúchame bien. —Me levantó la cara para que la mirara a los ojos—. Quiérete tal y como eres, porque así te aceptará quien realmente te ame. Que no se te olvide nunca.

—Ay, Chencha, que cosas más bonitas dices.

—Jimena, sabes que te quiero y quiero verte feliz. Por favor, valórate. Si Matt fue tan estúpido de perderte, algo mejor vendrá —afirmó con seguridad.

—¿Por qué estás tan segura?

—Porque eres especial y te lo mereces.

Mis lágrimas comenzaron a resbalar por mis mejillas. Entonces entendí porqué Chencha quiso marcharse tan lejos.

—No puedo aún, lo echo mucho de menos.

Chencha me limpió las lágrimas con sus dedos y me dijo:

—Sí puedes, amor, claro que puedes. Siempre has sido la más valiente de las dos. Eres una persona excepcional, cariñosa, amable, ayudas a todos sin importarte los riesgos, te desvives por las personas que amas. Un mal capítulo no hace una mala historia. No lo olvides.

—¡Qué difícil es todo! ¿Cómo se puede echar tanto de menos a alguien?

—Créeme, lo sé por experiencia propia.

Me sonrió, me besó en la mejilla y me abrazó.

—David está a punto de subir con los cócteles. Lávate esa cara y ¡a disfrutar de la noche! Nos vamos a emborrachar como cosacas.

—El amor es un asco.

Capítulo 38

La noche terminó entre sonrisas y lágrimas. A medida que bebíamos los cócteles que trajo David, nos subía la adrenalina. Nos vinimos arriba. Chencha nos hizo un pase de modelo con la colección que estaba preparando en secreto para sus clases de moda. Los colores que había utilizado eran muy chillones. Todos los *looks* los acompañaba con boas de plumas y taconazos.

El alcohol le hizo olvidarse que era secreto. Menos mal que David y yo tampoco nos dimos cuenta de mucho con las copitas de más que llevábamos encima.

David aprovechó que Chencha se relajó un poco y se puso un sombrero gigante de colores a rayas, una nariz roja de payaso y cogió tres bolas azules y blancas de un cajón. Comenzó a hacer malabares y a hablar muy raro. No sé si fue por la nariz de gomaespuma o por los cócteles que había bebido, pero el conjunto hizo muy buen resultado.

Nos deleitó con sus historias. Y nos hizo reír muchísimo. Nos regaló su esencia. Sus ojos brillaban de felicidad mientras nos recitaba. Esa luz que transmitía, hacía sentir bien, como si nos conociéramos de toda la vida.

Entre risas y risas, al terminar los cócteles, pasamos a los chupitos de tequila. A Chencha se le ocurrió la genial idea de jugar al juego de la botella. Se levantó deprisa y se acercó al frigorífico para coger un botellín de cerveza.

—Cogeremos este botellín. —Sus mejillas estaban rojas y su voz se trababa al hablar. Sus ojos deslumbraban como un faro. La veía feliz.

—Guay —dije aplaudiendo.

—Vale, chicas, veo que necesitáis un beso mío y no sabéis como pedirlo —insinuó Pirulo.

—¡*Buah*! ¡Fuera! —gritamos las dos a la vez mientras lo abucheábamos.

Chencha nos señaló el suelo para que nos sentáramos. Le dio un trago al chupito. Arrugó la cara al beberlo de lo fuerte que estaba y se quitó los taconazos que llevaba para sentarse y formar un círculo con nosotros dos. Eso sí, la boa de pluma rosa fucsia no se la quitó. Se veía divina.

David cogió la botella, la puso en el centro de los tres y dijo haciendo contacto visual conmigo:

—Dejémosle el primer turno a nuestra visita de honor.

—¿Jugamos a beso o a verdad? —pregunté, encantada.

—Empecemos por verdad —respondió Chencha.

David subió el pulgar a modo de aceptación. Se le dilataron las pupilas. Le atraía la idea de jugar a saber la verdad.

—Empiezo yo, como ha dicho nuestro amigo Pirulo —dije, juguetona.

Ambos sonrieron. Asentaron aceptando mi decisión. Cogí la botella y la hice rodar circularmente por el suelo. Segundos después, se paró delante de Chencha. Ella sobreactuó. Hizo aspavientos con las manos y chilló:

—¡Me encanta! ¡Pregunta! Venga.

—¿Te gusta David? —pregunté tímida. Sabía dónde me estaba metiendo, pero era un juego y había que jugar.

—¿David? ¿Gustarme? ¿A qué te refieres? ¿Sexualmente? ¡No!

—Claro, si te atrae.

—Lo siento mucho, amigo mío, no te lo tomes a mal. Pero no me gustas nada, más bien me encantas. —Las eses le salían solas, las alargó sin percatarse de ello. Estaba *como una cuba.

—¿Sabes que te digo, Chencha? No me lo esperaba de ti, tía. —Se llevó una mano al pecho a modo de disgusto—. Me has herido la patata.

Chencha hizo un puchero con los labios y le contestó:

—Siento que te enteres así de que soy lesbiana —soltó ella, muy digna.

—Pero ¿qué dices, loca? —exclamé.

Los dos seguían con su teatrillo. Eran buenos actores. Entre sollozos, unos provocados por la bebida y otros sobreactuados, se sinceraron.

—Ya sabía yo que algo fallaba. El problema no soy yo, eres tú. —David continuaba en su papel de actor dolido.

—¡Eres tan mono y tan guapo…! —Chencha continuaba agitando su boa de plumas por la cara de David.

—Aclárate, guapa, soy mono o guapo —expresó su desconcierto frunciendo el ceño.

—Pues la verdad es que las dos cosas —aclaré yo, divertida.

David se abalanzó sobre mí y empezó a hacerme cosquillas. Los dos giramos por el suelo. Las manos de David no paraban y las risas de ambos hacían eco en el apartamento. Chencha nos miraba, divertida. Nos chocamos contra el viejo sofá marrón.

De repente, dejamos de reír, nos miramos, y David se acercó a mí dándome un beso. Me bloqueé. No me esperaba esa reacción por su parte. Lo aparté de mí y me incorporé lo más rápido que pude. El alcohol que había bebido se esfumó de mi cuerpo en un segundo.

—¿Qué has hecho? —bramé enfadada.

—Jimena, escucha —intentaba decirme David, pero yo no lo dejaba.

—¿Quién coño te crees? ¿No sabes tener amigas sin enrollarte con ellas?

—Escucha —me suplicó.

—No quiero escucharte. —Me encerré en mí misma—. Ya lo sé, eres divertido y guay con las chicas para enrollarte con ellas y después dejarlas.

—Jimena, te estás pasando —me regañó Chencha.

—¿Me estoy pasando? Y me lo dices tú, que desapareciste durante meses. Te extrañé tanto que me dolía. Luego vuelves a mi vida como si nada. Y yo tengo que hacer lo correcto.

—Yo no sabía… —susurró Chencha.

—Tú siempre vas a lo tuyo. Nunca sabes nada. Si te metes en un lío, aquí está Jimena para salvarte. Pero si es al revés, que le jodan a la pija.

—Jimena. —La voz de ambos era suplicante.

—Ni Jimena ni hostias. Ya me cansé de hacer lo que se espera de mí. No soy vuestro puto juguete que podéis utilizar a vuestro antojo. Yo también tengo sentimientos, ¿sabes?

—Claro que lo sé. Escúchame —me imploró Chencha mientras se acercaba a mí. Mi cuerpo temblaba.

—No lo sabes. No estabas allí cuando Matt me abandonó. —Mi voz se quebró y las palabras se entrecortaban.

Chencha me abrazó para consolarme.

—Nunca quise hacerte daño. Fue egoísta por mi parte marcharme así de un día para otro.

Ya no pude articular palabra. Las lágrimas se apoderaron de mí, dejándome desolada. David nos observaba con cara de preocupación desde el otro extremo de la sala. Mi cuerpo estaba en *shock*. Arrastraba cansancio emocional desde hacía un tiempo y, al verme besando a otro chico que no era Matt, no pude soportarlo.

Miré a David, que tenía las manos sujetas por la espalda. Podía ver en su mirada frustración y nerviosismo. Me separé de Chencha, la aparté a un lado y caminé hasta él.

—Lo siento mucho. No debí reaccionar así —confesé.

—Tú no tienes la culpa. Se me fue de las manos.

—Me di cuenta. —Sonreí para quitarle hierro al asunto.

—Reconozco que me atraes, pero no justifica mi comportamiento. ¿Amigos? —Me tendió la mano.

—Amigos. ¡Que conste que los pijos no perdonamos sin más!

—¿Ah, no? —Conseguí que sonriera más cómodo—. ¿Cuál sería el precio de mi pija favorita?

—Mañana quiero que me lleves al barrio de Nothing Hill. Tengo entendido que ese barrio es una pasada.

—Estás de suerte. Mañana pagaré mi deuda, señorita —aseguró—. Será un placer enseñarte uno de los mejores lugares de esta ciudad. Al menos, para mí.

—Venid aquí. —La voz de Chencha suplicaba que nos acercáramos. Ella nos esperaba con los brazos abiertos.

Los tres nos abrazamos, más relajados, tras el momento de tensión vivido minutos atrás.

Capítulo 39

—¿Estás despierta? —preguntó Chencha mientras abría muy despacio la puerta de la habitación donde dormía.

Su cara era un poema. No se había desmaquillado, al igual que yo. Su melena rubia parecía un nido de pájaros, y aún vestía la misma ropa de la noche anterior. Al menos, no traía la boa de plumas.

—Sí, no puedo dormir —respondí.

Le daba vuelta a si fue un error lanzarme a ciegas a los brazos de Matt. Eso sí, me encantó. Con él, viví los momentos más bonitos de mi vida. Sentí que llegó a mi vida para quedarse, pero me equivoqué.

—¿Pensando en Matt? —La voz de Chencha sonaba a resaca.

—Me temo que sí. Lo que he vivido estos meses ha sido tan intenso y me ha hecho sentirme tan feliz, que no me esperaba este final. —Suspiré. Al fin y al cabo, soy una experta en resignarme.

—Jimena, cada persona tiene sus demonios. En realidad, no conoces tan bien a Matt como para saber qué le pasa.

—¿Tú sí lo conoces? —pregunté a la defensiva.

—En realidad, no conozco nada de él. Pero debes entender que tu vida ha sido muy fácil. Has tenido la suerte de pertenecer a una buena familia. Permanecéis unidos y os apoyáis en todo.

—¿Y tengo la culpa de ello? —Noté cómo me empezaba a alterar por momentos. Me incorporé en la cama y me quité la sábana, ya que me estaba entrando calor—. Venga, dime, ¿también piensas que soy una niña pija de mamá y papá y que vivo en una burbuja ajena a lo que ocurre a mi alrededor?

—Yo no quería decir eso. —Chencha estaba nerviosa.

Se cogió una coleta con las manos, y cuando se dio cuenta que no llevaba goma, se soltó el cabello. Se rascó la frente más de una vez. Su mirada estaba perdida. Buscaba las palabras que no encontraba. Su nerviosismo me dio la respuesta. La miré a los ojos, y ella esquivó mi mirada. Seguía jugando con su cabello y se rascaba tanto la frente que ya la tenía roja como un tomate.

—Lo piensas —añadí.

—Quizá un poco, sí —confirmó mi acusación. Nuestras miradas se encontraron. Sus ojos azules desprendían preocupación—. No quería decir eso. —Se arrepintió en el mismo momento en que lo dijo.

—Piensas que como mis padres no se han separado, mi madre no me abandonó o mi padre no se fue cuando yo era una niña, no tengo derecho a sentirme mal, porque la vida la tengo resuelta, ¿es eso? —A pesar de que eran las seis de la mañana y haber pasado una noche de resaca malísima, el dolor de cabeza desapareció. Me enfurecí tanto que perdí todos los filtros—. Yo no tengo la culpa. ¡Joder! ¡No la tengo! —grité, cabreada. Me levanté de la cama y me puse a pasear por la habitación y a mover las manos con energía. Me sentía muy frustrada en ese momento. La rabia se personificó en mí. Ya no podía escuchar a nadie, solo hablaba y hablaba en voz alta, demasiado alta—. ¿Tendría que haberme abandonado mi madre como te pasó a ti y que mi padre viviera toda su vida esperando su respuesta? O mejor, ¿que mi padre le diera malos tratos a mi madre y nos abandonara como es el caso de Matt? El caso de Pirulo lo desconozco, pero no me extraña que también tenga algún trauma en su vida que le hiciera abandonar su tierra tan joven.

—No me merezco que seas tan borde conmigo. —Chencha se sintió ofendida.

—¿Borde? ¿Decir la verdad es ser borde? Pero tu verdad no lo es. —Aplaudí mirándola fijamente—. Muy bien, amiga. Aquí la vara de medir solo se utiliza cuando nos interesa.

Chencha cogió aire y suspiró.

—Solo quiero decir que has tenido suerte. Solo eso. Y quizá cualquier tontería te afecta más que a otras personas que tenga problemas reales.

—Claro, porque mis problemas no son reales, ¿no?

—A ver, Jimena, ¿desde cuando hablas con esa vocecita tuya interior? Te lo diré yo. Desde que eras una niña, ¿recuerdas?

—¿A qué viene eso? —pregunté, suspicaz.

Claro que me acordaba del día que apareció Doña Porculera por primera vez. Hice un aspaviento con la mano. No me apetecía hablar de eso.

—Yo te lo diré. Fue ese día que te quedaste encerrada en la escuela. Nadie notó tu ausencia. Tu madre confiaba en que estabas en mi casa, y mi padre no sabía nada de la historia. Yo pensaba que ese día volviste a casa antes porque no soportabas que me entretuviera en el camino y necesitabas contar a tu familia la supernoticia de que habías sido la elegida como protagonista del teatro de fin de curso.

—Déjalo, Chencha. —Me tapé las manos con los oídos—. No quiero escucharlo. Lo recuerdo perfectamente.

—No fue hasta el día siguiente cuando tu madre se encontró con mi abuela y le preguntó. Ahí saltaron las alarmas. Empezamos todos a buscarte. Nadie cayó que estarías encerrada en la escuela. Era sábado. Todos nos preocupamos mucho. El lunes te encontró el portero al abrir las aulas. Pasaste el fin de semana encerrada en el colegio. Siempre eras la última en salir y asegurarte de dejarlo todo perfecto. Desde pequeña, te acompaña la perfección. Una bocanada de aire cerró la puerta dejándola atascada contigo dentro. Recuerdo que era mayo porque, esa misma mañana, teníamos que llevar flores a la Virgen. Cuando te encontraron, hablabas sola en voz alta. Ahí fue la primera vez que apareció. El *shock* te hizo crear un personaje en tu cabeza para que te comprendiera y te hiciera sentir bien. Incluso a veces te decía cómo actuar.

—¿A qué viene todo esto? A veces, ni me acuerdo que existe esa voz en mi cabeza. —Me sentí traicionada. No esperaba ese golpe de mi mejor amiga.

—Lo sé. Todos tenemos nuestros demonios, como te dije antes. Eres una persona excepcional, cariñosa, alegre, fiel, leal, honesta contigo misma y con los que te rodean, pero te encierras en tu burbuja. —Arqueé una ceja mientras la miraba—. No todo es blanco o negro. Abre el abanico de colores. No quiero decir que no te sientas mal, pero no eres la única que se siente así. Todos tenemos problemas, eso es lo que quiero decir. Intentas ayudar a los demás, pero ¿y tus problemas?, ¿cuándo los vas a solucionar? —Se acercó a mí, y con su dedo índice dio un golpecito en mi frente—. Arréglate esa cabecita primero, y luego céntrate en ayudar a los demás. Este desamor puede venirte bien. Te hará madurar. Conócete. Disfruta de lo que te gusta. Decide por ti misma sin necesidad de tener que acudir a una voz en tu cabeza para que te aconseje.

Me desplomé al suelo. Chencha se alarmó al escuchar el golpe. Gritaba mi nombre. No podía levantar la cabeza. Sabía que lo que me decía era cierto, pero dolía escucharlo.

—Entonces, Matt se ha portado mal conmigo por mi culpa —concreté.

—No, cariño. Tú no tienes la culpa. Matt ha sido un capullo contigo. Tu único error es dar tanto, convencida de que no tienes que recibir nada a cambio.

—Pero Matt sí me respondió. Él también se enamoró de mí. Lo sé. Lo sentí así.

—Y no lo dudo. Pero quizá la edad no os ha dejado amar.

La angustia volvió a mí. A pesar de mi frustración, sabía que Chencha tenía razón.

—Quizá. —Fue lo único que pude responder.

Me levanté y me acerqué al sofá que hacía las veces de cama. Me acurruqué y me tapé con la sábana. Me hice pequeñita. Me sentía pequeñita. Chencha se acercó a mí y me abrazó.

—Cariño, no pienses siempre en contentar a todo el mundo. Piensa en lo que te hace feliz a ti —me susurró al oído.

Asentí mientras una lágrima resbalaba por mi mejilla. Lo triste de todo es que tenía razón. Siempre pensaba en satisfacer a los demás, pero con Matt fue diferente. Realmente sentía que me respondió sincero a mi amor por él.

Cerré los ojos. La cabeza me taladraba. Necesitaba dormir.

Capítulo 40

—¡Son las doce de la mañana! ¿Vamos a perder todo el día en la cama? Si es así, me apunto. —David pegó un salto desde la puerta y se tiró en plancha encima de nosotras.

Lo recibimos entre risas. El pijama de Pirulo era muy curioso: un pantalón bombacho de rayas grises, una camiseta roja que ponía «Yo no ronco, sueño que soy una moto», y un calcetín de cada color. A él le dio tiempo a cambiarse de ropa, no como a mi amiga Chencha, que tenía pintas de vagabunda *chic*.

—¿Qué tienes en la cabeza? —pregunté curiosa al verle algo rosa en el pelo.

—¿Te refieres a esto? Es mi antifaz de unicornio. Sin él, no puedo dormir. —Puso cara de pena haciendo gestos con los labios.

—¡Eres lo más! —Ese chico me caía muy bien.

Lo ocurrido la noche anterior, ya se olvidó. Por mi parte no había problema alguno.

—Tengo que cumplir una promesa. —Me miró divertido con su cara de pillo.

Sus ojos color miel trasmitían confianza. Me fijé que, para él, todo lo ocurrido también había caducado. Me gusta la gente transparente.

—Chencha, arriba. —Le di un codazo para que se espabilara—. Tenemos una cita con este señor tan guapo de aquí. Por favor, tienes que prestarme tu antifaz. ¡Es ideal!

Los tres nos reímos a carcajadas. Nos despedimos, y cada uno fue a asearse. Al salir de la habitación, David ya estaba listo. Había preparado algo para comer.

—Hoy, el *brunch* lo haremos en casa. —Señalaba hacia la mesa mientras hablaba.

Había preparado unas tortitas americanas con sirope y fresas. La mesa estaba organizada para los tres. Se había preocupado hasta de poner un mantel de cuadros rojos. Se acercó a mí, me cogió la mano, y me llevó hasta la mesa. Separó la silla y me acomodó. Cuando se aseguró que todo estaba correcto, se acercó a mi oído y me susurró:

—Espero que esto sirva para que me perdones. Lo de anoche fue un error que no volverá a ocurrir. Te lo prometo. —Lo miré, le cogí la cara entre mis manos y lo besé en la mejilla—. Prefiero tenerte como amiga, a no tenerte —me confesó.

—Comparto tu opinión, señor Pirulo. —Le guiñé un ojo—. Y ahora, mientras la coqueta de mi amiga viene, ¿qué tal si le metemos mano a este manjar que tiene una pinta buenísima?

Nos sentamos a la mesa y, justo en el momento de meternos el primer bocado, apareció Chencha como un terremoto.

Yo a ti más

—¿No esperáis a nadie? *Stop*!

Los tres terminamos el *brunch* con una charla muy agradable. David nos contó por encima a dónde nos iba a llevar. Y nosotras, como chicas educadas, solo lo escuchábamos mientras nos comíamos un manjar exquisito americano. ¡Ay, lo americano, qué bueno estaba todo!

Cogimos la línea veintitrés del autobús que nos dejó en menos de diez minutos en el fabuloso barrio de Notting Hill. Al bajarnos, me sentí emocionada. Había leído tanto de ese barrio en las revistas de viajes, que la impaciencia por conocerlo no la podía aguantar por más tiempo. El barrio me transmitía una vibración positiva. Nos encaminamos hacia un mercadillo callejero que vimos a lo lejos.

—Este es, posiblemente, el mercado más famoso de Londres. Tiene más de ciento cincuenta años y se extiende tres kilómetros a lo largo de toda la calle de Portobello Road transformando el barrio en un gran bazar.

Reconozco que no podía escuchar mucho las palabras de David. Estaba fascinada con todo lo que veía. Mientras caminamos, observamos que podíamos encontrar antigüedades, arte, ropa, fruta y mucha comida callejera. Las fachadas de las tiendas eran muy originales. Eran fachadas muy pintorescas que le daban color a la calle. Las dos caminábamos alucinadas y señalábamos todo lo que veíamos. No pasamos desapercibidas.

Entramos en una tienda de antigüedades. Allí, nos recibió un hombre de mediana edad que nos atendió en español, para nuestra sorpresa.

—¿En qué os puedo ayudar?

—¡Habla usted español! —El asombro de Chencha no se hizo esperar.

—Sí, señorita. Hablo español. Mi madre era española y mi padre italiano. Yo nací aquí, pero mis raíces latinas las tengo bien arraigadas.

—¡Qué bien! Me alegro mucho. —Chencha estaba entusiasmada por el descubrimiento que acabábamos de hacer. Una tienda en pleno pulmón londinense, y atendidas en nuestro idioma. ¡No podíamos pedir más!

Ojeando todo lo que había en la tienda, que era mucho, mi mirada se detuvo en una pequeña libélula de madera pintada con colores verde agua y celeste claro. El dependiente, que se presentó como Lorenzo, se acercó a mí cuando vio que me embelesé con el objeto.

—Buena elección, señorita.

—Gracias. He sentido una atracción que me ha llevado a cogerlo.

—Tiene, entre sus manos, un objeto datado por los historiadores en el año 200 d.C. Es una obra de arte. Cuenta la leyenda que todo aquel que se siente atraído por un objeto así, se encuentra en el camino hacia la madurez emocional y autorealización, entendiendo en el camino el significado de la vida.

—¿En serio? De todo lo que hay en la tienda, es lo que más me ha atraído. Además, me recuerda a una persona que fue especial para mí.

—¿Puedo hacerle una pregunta personal? —preguntó con educación, sin intención de maldad.

—Claro, supongo que sí.

—¿Alguna persona en su joven vida la ha llamado alguna vez libélula? —Mi cara respondió. Mis ojos se abrieron tanto, que por poco se salen de las órbitas. Mi mandíbula se descolocó ante el asombro de la pregunta—. Veo en su rostro que la han llamado así. —Asentí. Mi mirada no se separaba de la suya. Esperaba una explicación—. La persona que lo ha hecho, la ama mucho, señorita. Representas para ella seguridad, amor y futuro. Este objeto tiene magia. Usted no lo ha elegido, él la ha elegido a usted.

Mi ceja arqueada no abandonó mi cara de desconfianza en toda la explicación. ¿En serio un objeto de madera me había elegido a mí?

—Chica, date prisa, que tenemos que ver el desfile —gritó Chencha desde la puerta de la tienda.

—Voy. Dame cinco minutos. —Me volví hacia Lorenzo—. Tienes razón. Este objeto me ha elegido a mí, así que me lo llevo. Por favor, que sea baratito, que no tengo mucho dinero.

—¿Señorita…?

—Jimena —respondí.

—Señorita Jimena, creo en el amor a toda costa. Cuando dos almas perdidas se encuentran, lo hacen para toda la vida. El problema no está en encontrarla, sino en mantenerlas unidas. —Cogió la libélula, la envolvió en papel de estraza, y la metió en una bolsa—. Esta vez, te la regalo. Estoy seguro de que tiene una misión para ti. —Me la entregó y me guiñó un ojo—. Sigue siempre a tu corazón.

Salí renovada de esa tienda. Tenía las ideas más claras.

Por la tarde, disfrutamos del carnaval caribeño por las calles de Notting Hill. Nos fotografiamos delante de las casas de colores y, cómo no, en los coches de época de colores pasteles. El día en ese barrio tan londinense fue alucinante e increíble.

Muy a nuestro pesar, volvimos al apartamento para cenar unos *hot dogs*, y a dormir.

Capítulo 41

—No puedo creer que sea mi último día con vosotros, chicos.

Ese día, me levanté feliz. Estaba convencida de lo que haría al volver a casa. Buscaría a Matt. Trabajaría en mis miedos y en esa vocecita que a veces me acompañaba.

Esa experiencia, me enriqueció como persona.

—No puede ser. Quédate un poco más —me suplicó Chencha, compungida.

—A mí también me gustaría, pero debo solucionar algunas cosillas.

Chencha me miró y entendió a la perfección a lo que me refería. Su mirada me produjo serenidad. David nos observaba, y no se perdió ningún detalle.

—Me he perdido algo, lo sé. Lo veo en vosotras. ¿Qué ha pasado?

—A ver, Pirulo de mis entrañas, aquí pasar no ha pasado nada —respondió Chencha.

—Por cierto, ¿por qué te llaman Pirulo? Mera curiosidad.

—Ya, ya. Mera curiosidad —me respondió con su alegría particular.

—Eso, que yo tampoco lo sé. Nunca lo hemos hablado —añadió Chencha.

—Pues la verdad es que no lo sé. Los amigos de mi hermano empezaron a llamarme así de pequeño, y se me ha quedado. Pero no le encuentro un sentido lógico. Ya sabes cómo somos por allí abajo, ponemos mote al primero que se nos cruza.

—Cierto. A la familia de mi padre los conocen como *los batatos* porque son muy bajitos.

—¿En serio? Nunca me lo habías dicho —inquirió Chencha.

—No sé. —Me encogí de hombros—. Quizá porque es algo que siempre ha estado ahí y das por hecho que los demás lo saben.

—Eso suele pasar muy a menudo —opinó David al respecto.

Nos paramos delante de un camino de arena. Íbamos tan metidos en nuestra conversación sobre el carácter andaluz tan alegre y vivaracho, que nos habíamos perdido.

—A ver, no es por parecer desesperada, pero cojo el vuelo esta tarde a las ocho. No puedo llegar tarde. —Me empecé a inquietar.

Eran las doce del mediodía. Aún me quedaba tiempo hasta la hora de salir hacia el aeropuerto, pero yo solo veía un camino de arena en un parque alejado de la civilización. Pirulo había insistido mucho en que teníamos que pasar por allí. Muy poca gente conocía ese lugar. No solía llevar a sus visitas por allí. Lo conoció una de las veces que se perdió en la ciudad, al principio de llegar. Y de vez en cuando iba allí para desconectar de todo.

—Si no recuerdo mal, detrás de este camino tiene que haber unas escaleras de caracol. —Seguía como un explorador que buscaba un tesoro—. Ajá, aquí está, mirad la preciosa escalera de caracol que parece sacada de un cuento de hadas.

Lo seguimos como dos niñas siguen a su profesora en una excursión del colegio, entusiasmadas por lo que nos esperaba. David había asegurado que merecería la pena. Justo al final de la escalera, nos encontramos una especie de galería de mármol con enredaderas que decoraban sus paredes.

—Al final de esta galería, tenemos que subir otra escalera que nos llevará a un precioso jardín con un estanque. A simple vista parece que no se puede acceder a él, pero yo sé dónde está la salida, mi *lady* —dijo David, que hacía una reverencia.

Nos tenía engatusadas con su palabrería. Nos explicó que la extensión del jardín en el que nos encontrábamos se construyó entre 1905 y 1925, tras adquirir las propiedades su propietario, Lord Inverfort. Este chico sabía de todo. Nos había llevado a un parque natural de la zona norte de Londres, para enseñarnos una pérgola secreta sacada de un cuento de hadas. Esas escaleras llevaban al increíble mirador desde donde se podía observar la belleza de las increíbles vistas de Hampstead Heath.

Estaba ensimismada escuchando la historia del Lord, y no me di cuenta que en la pérgola había un chico de espaldas. Mi corazón dio un vuelco al sospechar que ese chico me resultaba familiar. ¿Matt? No podía ser. Él estaba en Jerez y no sabía que yo había viajado hasta

Londres a pasar unos días con Chencha. Busqué, inquieta, con la mirada a David y a Chencha. Por arte de magia, ¡habían desaparecido! No entendía nada. ¿Dónde se habían metido?

El chico moreno se giró y ahí fue cuando me quedé sin respiración. Mi instinto no me mintió, era Matt. El corazón se me aceleró al verlo caminar hacia mí. Tenía una sonrisa de oreja a oreja. Lo noté cambiado. Más maduro, quizá. No llevaba la ropa tan ancha y se había cortado su melena rizada. Con paso firme y seguro, llegó hasta mí. Mi cuerpo temblaba como un flan. Jamás imaginé una escena así entre nosotros.

—Hola —me dijo con su voz seductora.

—Hola —contesté en un hilo de voz—. ¿Qué haces aquí?

—Tienes unos buenos amigos que te quieren mucho —confesó.

—¿Chencha y David?

—Los mismos. Gracias a ellos estoy ahora mismo aquí. —No podía creérmelo. La insistencia de David en que fuéramos allí, tenía una explicación coherente—. Necesitaba hablar contigo. Cuando me enteré que estabas aquí, me puse en contacto con ellos y me facilitaron todo el viaje. Fue idea de David que nos encontráramos aquí.

—Este Pirulo y sus ideas raras. Lo voy a matar. No me han dicho nada. Han sabido disimular estupendamente todos estos días.

Mi asombro por la situación de tener a Matt delante de mí, tan cerca, hacía que mi pecho respirara agitadamente. Sentía tal atracción por ese americano que me nublaba el sentido.

—¿Por qué has venido? Lo nuestro terminó aquel día en la Alameda. —Recordé con tristeza.

Mi mirada se entristeció al acordarme de ese momento tan desagradable. Agaché la cabeza para no mirarlo a los ojos. Su mirada me desarmaría y no podía consentirlo. Necesitaba ser fuerte.

—Lo lamento tanto, Jimena… —Sus manos acariciaron mi cabello—. Lo llevas suelto, me gusta. —Mis manos temblaban, mi mirada estaba incrustada en el suelo, y mis ojos, cerrados, mientras disfrutaba del roce de sus manos—. Mírame, por favor. —Su súplica me desarmó. Levanté la mirada muy despacio, y allí estaba esa mirada vibrante que tanto había añorado. Nos miramos con amor—. Un hombre sabio me dijo una vez que cuando extrañas y te importa una persona, la buscas, la llamas, le escribes. Haces lo imposible menos quedarte de brazos cruzados. Metí la pata y no sabes cuánto me arrepiento. Debí escucharte. Me arrepiento de ese maldito momento todos los días de mi vida.

—No sé qué decir. —No podía apartar la vista de él. Sentía alegría por tenerlo aquí y miedo a la vez de volver a equivocarme. Dos sentimientos encontrados. ¿A cuál le hacía caso? ¿Confiaba en él o me ponía a la defensiva? ¡Qué difícil era! No sabía si guiarme por el corazón o por la razón.

—No tienes que decir nada. —No apartaba su mirada de mí—. Ese hombre sabio del que te hablo te manda recuerdos.

Logró captar mi atención y mi curiosidad.

—¿Has hablado con el abuelo? —Me sorprendió al ver una sonrisa en su rostro que confirmaba sin palabras que era cierto. Matt había hablado con el abuelo.

—He hablado largo y tendido con él. Cuando le devolví el dinero empezamos a estar en contacto. Él me informaba cómo te encontrabas, ya sabes, tu recuperación y tu improvisado viaje.

—No me lo puedo creer. Nadie me ha dicho nada. ¡Parezco tonta! —Me ofusqué. Todo el mundo hablaba sobre mi vida y yo era ajena a todo.

—No eres tonta, eres adorable. Gracias a tu inocencia hemos podido preparar todo esto. No sé cómo expresarte que eres la persona más importante de mi vida. La única verdadera que siempre ha ido de frente conmigo y lo ha dado todo por mí. Siento mucho que apostaras por lo nuestro y yo lo fastidiara todo.

—Yo solo quería hablar. Estaba dispuesta a darle una oportunidad a tu amigo. Pero tú me lo pusiste todo muy difícil. Ya llegaste con las cosas claras.

Mi voz se desquebrajó. Los sentimientos me embargaron. Ya no podía seguir aguantándolos más. Mis lágrimas se sumaron a mi reencuentro con Matt, y empezaron a bailar por mi rostro.

—No llores, por favor. Me rompe el alma verte sufrir por mi culpa. —Me abrazó con ternura. Su mano acariciaba mi espalda. Mi cuerpo se relajó y me sentí a salvo. Me abracé a Matt y rogué que el tiempo se detuviera para siempre—. Lo de Kenny no lo vi porque fui un idiota.

Tenía las señales delante de mí y no supe verlas. Ese día me presenté enfadado con el mundo y lo pagué contigo. Pero ahora no quiero hablar de eso, ya tendremos tiempo. Solo quiero que sepas que en este tiempo en el que hemos estado separados me he dado cuenta que no puedo vivir sin ti. Eres la persona más importante de mi vida.

Lo miré con amor. Sus palabras solo ponían voz a mis pensamientos. Me dio la sensación que me leía la mente. Nuestras miradas se fusionaron en una sola. La niebla que se había levantado de golpe en la ciudad de Londres se unió a nosotros acariciándonos despacio, envolviendo el momento con ternura y amor sacado de un cuento de hadas.

—Tus ojos me transmiten tanta paz que con solo verlos se ordena mi caos —me murmuró en los labios. Sonreí, estaba feliz—. ¿Por qué sonríes?

—Porque estaba perdida y he vuelto a encontrarme. Te he extrañado tanto que no te lo podrías llegar a imaginar —confesé.

—Me hago una ligera idea. —Sus labios rozaron mi cuello. Mi piel se erizó al contacto de su boca—. Me encanta como hueles – me susurró mientras sus labios subían por mi cuello.

Cerré los ojos. Me dejé hacer. Lo echaba de menos. Sus palabras, sus caricias, su todo en mí. Al oír esas palabras mi olfato se sensibilizó. Olía a arena mojada.

La niebla hizo su trabajo fusionándose con la tierra y, junto al estanque del parque, olía a vida. Ese olor se mezcló con el olor corporal de Matt, un olor masculino y sensual al mismo tiempo. Él no usaba perfume, pero no lo necesita para oler tan bien.

Sus labios se posaron en los míos. Se acariciaron. Se reconocieron y se dieron la oportunidad de desearse. Nuestras respiraciones se profundizaron acompañadas de escalofríos placenteros. Mis manos le acariciaron el cabello. Sentirlo tan cerca despertó mi deseo más primitivo. El calor subía a una temperatura que no podía controlar. Pasé del frío al calor como si estuviera en una montaña rusa. Matt me agarró la barbilla con delicadeza y me besó. Su lengua entró en mí con añoranza, despacio. La humedad de su beso se unió a la mía en su justa medida. La presión de sus labios aumentaba, dándome a entender que cada segundo que pasaba estaba más excitado. Lo agarré por la nuca y le respondí, ardiente. Mi lengua se dejó guiar por la suya con pasión. Me atreví a bordear su labio con mi lengua, mostrándole sin palabras el deseo evidente de estar junto a él. Noté cómo la comisura de sus labios se arqueó para sonreír. Siempre le gustó mi espontaneidad. Nuestros ojos continuaban cerrados deleitándonos el uno del otro cuando de repente comenzó a sonar la canción de Bryan Adams.

Me emocioné. Mi barbilla comenzó a temblar. La cara de Matt radiaba felicidad.

—Un momento así es para recordar, y no podía faltar nuestra canción.

El parque estaba solitario, en la pérgola de Hampstead no se veía a nadie. Solos Matt y yo. Miré asombrada para todas partes y no veía a nadie. Me fijé que había unos altavoces repartidos por allí. Me armé de valor, dejé atrás la vergüenza y decidí actuar por mis sentimientos. Le cogí a Matt la mano y con sensualidad le dije:

—¿Sería usted tan amable de bailar conmigo? Aunque me muero de ganas, no puedo dejar que me desabroches la camisa.

— Houston, tenemos un problema. Ven aquí, pequeña libélula, baila conmigo. —Me agarró por la muñeca y me atrajo hacia él.

Acaramelados, nos mecimos al ritmo de la canción. El tiempo se detuvo dejándonos disfrutar del momento. Nuestros cuerpos bailaron como uno solo.

Capítulo 42

—Bueno, parejita, el tiempo corre y tienes que coger un avión. —La voz de Chencha nos sacó de nuestro sueño.

Chencha y David aparecieron de la nada mientras aplaudían y hacían vítores. Al verlos subir por las escaleras, me abalancé sobre los dos para abrazarlos.

—Gracias, gracias y mil veces gracias —agradecí ilusionada. Me los comí a besos.

—Gracias las que tú me haces —me contestó Pirulo, burlón.

—Anda, loca, ¡quita!, que voy a saludar a Matt —me dijo Chencha, contenta por cómo había salido todo.

Matt nos había dejado espacio para que nos rencontráramos con efusividad. Al darse por aludido, fue cuando se acercó.

—Gracias por todo, Chencha —le dijo en tono bajo tras dale dos besos.

—Todo sea por mi Jimena. —Me guiñó un ojo.

—Y a ti, David. Ha sido un placer conocerte. Gracias por cuidarla tan bien —le decía a Pirulo.

Este me miró con una sonrisa y respondió:

—Ha sido pan comido. Jimena es increíble y me lo ha puesto todo muy fácil.

—Sí, lo sé. Es extraordinaria —afirmó.

—Aunque me ha costado que no te olvidara. —Empezó a reírse tanto que nos contagió a todos.

—Creo recordar que mencioné el cuento de la libélula, la llevé a Notting Hill, a la tienda antigüedades… Eso sí, lo del tal Lorenzo no estaba en el plan, pero salió bien. Y el desayuno americano no faltó —continuó disfrutando del momento.

—¿Lorenzo? —preguntó Matt, extrañado. Me giré hacia él y lo abracé.

—Ya te contaré.

—Lo de la música es lo más, ¿no te parece, Jimena? —Chencha estaba excitada.

—¡Sí! ¡Ha sido tan romántico…! —le respondí, enamorada.

—Se me ocurrió a mí. David me ayudó. Ya sabes, este chico es una caja de sorpresas, conoce a medio mundo.

—Un inciso, por favor —pidió David.

—A ver qué ocurre —se preguntaba Chencha.

—No pasa nada, solo que no conozco a medio mundo, más bien conozco al mundo entero.

—Con estos dos, seguro que no te aburres —me susurró Matt al oído.

—Si te digo la verdad, los voy a echar mucho de menos.

—Eso tiene solución. —Me miró con ternura—. Vendremos siempre que quieras.

—A ver, parejita, más vale que nos vayamos. Me da a mí que el tiempo está empeorando. —Chencha ya estaba inquieta. No había tema que atrajera su atención mucho tiempo seguido.

—¿Nos vamos? —preguntó Matt.

—Sí. Son ya las dos de la tarde y tengo un hambre que me comería un elefante. —La exagerada de mi Chencha estaba hambrienta.

Caminamos en dirección a la salida mientras comentábamos la semana vivida en Londres. Matt escuchaba atento todo lo que decíamos. Al pasar por el estanque cogidos de la mano, señaló un enjambre de libélulas que revoloteaban por el agua. Miró a Chencha y a David que hablaban de sus cosas delante de nosotros. Se aseguró que no nos escucharan. Ralentizamos el paso y me dijo en voz tan baja que solo yo pudiera oírlo:

—¿Sabes qué significa ver tantas libélulas juntas revoloteando por el estanque?

—La verdad es que no.

—Quiere decir que va a llover. —Miró hacia el cielo.

—¿Sí? Creo que, en estos momentos, tal como se está poniendo el tiempo, las libélulas son buenas mensajeras. Doy unos diez minutos y seguro que empezará a llover a mares.

Se paró, me miró y me atrajo a él. Me besó como si degustara el manjar más sabroso de su vida.

—Te he echado mucho de menos. Si te miro, siempre olvido cómo respirar. Por tu amor daría mi vida.

—Me he imaginado tanto este momento… —confesé respondiendo a su beso.

—Esa noche me preguntaste por qué te llamé «mi pequeña libélula». ¿Aún quieres saberlo?

—Por supuesto. He leído mucho sobre las libélulas, era una manera de sentirme cerca de ti. Pero lo que más me impactó fueron las palabras de Lorenzo, un tendero que me regaló una.

Me miró pensativo y me reveló:

—No entiendo por qué lo sencillo lo hago complicado. Lo fácil que es amarte y todo lo que he liado hasta darme cuenta de que mi vida sin ti no tendría sentido.

—Ahora mismo no me atrevo ni a mirarte de la vergüenza que tengo —respondí como un flan de lo nerviosa que me encontraba.

—Mírame —me suplicó—. Esa mirada quiero tenerla siempre en mi vida.

—Quizá nos tuvo que pasar para darnos cuenta de lo que significamos el uno para el otro.

—Mi pequeña libélula siempre justificándolo todo. ¿Sabes una cosa? Tiene razón la leyenda de la libélula.

—¿Sí? Cuéntame, tengo curiosidad. —Me abracé más a él.

La niebla, cada segundo que pasaba, era más densa, y la humedad nos calaba la ropa.

—Las libélulas son seres mágicos. Su misión es cumplir los sueños y deseos de los humanos. Son seres de luz que traen seguridad, buena suerte y futuro.

—Interesante. Entonces, ¿yo te traigo buena suerte? —pregunté, socarrona.

—Me das mucho más que todo eso. Te has convertido en mi tótem de la buena suerte. No puedo imaginarme ni un solo momento en el que no quiera compartirlo contigo. Me das paz, amor y estabilidad. Eres todo lo que he añorado en mi vida. Solo tú lo has conseguido siendo tan especial como eres.

Nuestros labios se fundieron en uno solo. Sus manos sujetaban mi rostro mientras me besaba dejándome sin aliento. Se retiró de mí a duras penas.

—Te quiero mucho, Jimena.

—Yo a ti más.

Un último beso, y comenzamos a correr. Las libélulas acertaron: empezó a llover a cántaros. David y Chencha no estaban en nuestro ángulo de visión. Los habíamos perdido. En mitad de la carrera, Matt frenó en seco, me tiró de la mano y me dijo:

—Los momentos son para recordar, y quiero recordar este preciso momento como el más mágico de mi vida.

Nos besamos bajo la lluvia. Nos deleitamos. Las gotas de agua nos acompañaron en ese maravilloso instante. Se nos olvidó que llovía, que hacía frío y que no se veía nada por culpa de la niebla. No nos importó. Nos teníamos el uno al otro. Eso era todo lo que necesitábamos.

Capítulo 43

La despedida fue agridulce. Por un lado, me apenaba despedirme de Chencha y David; pero, por otro lado, estaba entusiasmada por lo bien que había terminado mi primer viaje. Volvía a Jerez con el amor de mi vida. ¿Qué más podía pedir?

Me abracé a David. Me di cuenta que no le gustaba mostrar sus sentimientos en público. Lo noté en tensión.

—No me gustan las despedidas. *Sorry!* —se disculpó.

—Ni a mí, Pirulo mío —le confesé—. Nos volveremos a ver pronto, estoy segura.

—Toma. Ábrelo luego. —Me dio una bolsita pequeña que guardé en mi mochila. Lo miré y sonreí. Sin voz, vocalicé un «gracias»—. Me robaste el corazón, ladrona. Siempre tendrás un amigo aquí, para cuando lo necesites.

—Te espero en casa para dar un *tour*, pero esta vez yo seré la guía. —Junté las manos a modo de súplica.

—Estoy deseando escucharte.

Me dio un beso. Se giró, le dijo adiós a Matt y se marchó. Chencha nos miraba con cariño. Sabía que habíamos congeniado muy bien.

Mi amiga se sentía orgullosa de ser la persona que nos había presentado.

—Cuídate mucho, ¿me oyes? —me ordenó.

—Claro. Lo haré. Tengo un buen guardián —dije mientras miraba a Matt de reojo.

—Mantenme informada. No quiero perderme nada de ti, ¿entendido?

—Sí, mamá. Esta vez, como no me escribas o me llames, me presento aquí a buscarte.

—Créeme, he aprendido la lección. Prefiero tenerte en mi vida que intentar olvidarte el resto de ella. —Su mirada era sincera. Y sus palabras también.

—Futura modista, espero que me tengas informada de tu primera colección. No pienso perdérmela por nada en el mundo —le ordené.

Nos abrazamos. Muy a mi pesar, comencé a caminar de la mano de Matt hacia la zona de embarque. Me giré, pero ya se habían marchado.

«Gracias, Chencha. Nunca olvidaré lo que has hecho por mí», pronuncié, en mi cabeza.

En el camino de vuelta, en el avión, nos pusimos al día. Matt me contó lo ocurrido con su padre y lo mal que se había portado su madre todo este tiempo al ocultarle lo sucedido. Tras mucho meditar, decidió darle una oportunidad a su padre.

—Me gustaría que lo conocieras. Te caerá bien, estoy seguro. Él ya sabe que existes y me ha ayudado a venir hasta aquí.

Matt hablaba de su padre con admiración. Le había venido bien el reencontrarse con él.

—¡No me digas! ¡Qué vergüenza! Pensará que soy una cría tonta.

—Todo lo contrario. Piensa lo que eres, una chica valiente, apasionada, atrevida, generosa, guapa, entusiasta, lista, fiel, atenta y mucho más que ahora mismo la cabeza no me da para más.

Me ruboricé. La cara se me encendió de vergüenza. Tenía la sensación de que un foco grande me alumbraba desde abajo y me producía un calor increíble.

—¿Todo eso soy yo? Imposible. Soy una chica normal.

—Una chica normal que me tiene loco —me dijo con ternura.

Me besó, y yo acepté ese beso como una boba. Me ofreció su lata de Coca-cola y sacó de la mochila un paquete de patatas que habíamos comprado en el aeropuerto.

Me acordé que no había abierto la bolsita que me había entregado David antes de subir al avión. Estaba tan entusiasmada de tener aquí a mi lado a Matt, que no había caído en el regalo. Me levanté de mi asiento y me dirigí hacia el portaequipajes. Lo abrí y saqué mi mochila. Menos mal que mi asiento era el del pasillo, si no, el pobre pasajero que le hubiera tocado justo ahí, se acordaría de mí y de toda mi familia. Logré sacar la bolsa y la dejé en mi asiento. Noté que Matt me miraba y me hacía gestos. Sus ojos estaban muy abiertos, de manera exagerada. Pero prometí a Pirulo que lo abriría cuando él no estuviera. Y así haría. Acababa de acordarme, y la curiosidad era superior a mí. Guardé de nuevo la mochila en su lugar, y me senté junto a Matt.

—Ya lo tengo —dije con voz cantarina.

—¿Imaginas qué puede ser? —preguntó Matt, con curiosidad, arqueando una ceja.

—No lo sé. Voy a utilizar mis rayos láser para ver a través de esta bolsita.

Entrecerré los ojos y miré fijamente la bolsa. La levanté y la giré varias veces. Mi chico se partía de la risa.

—¿Ha funcionado tu superpoder? —me preguntó para seguirme el rollo.

—Pues va a ser que no. El problema será la altura en la que nos encontramos.

—Será eso. Estoy seguro. Ábrelo ya, que hasta yo tengo curiosidad.

—A sus órdenes —dije mientras hacía un saludo militar acercando mi mano derecha a la frente.

Saqué el regalo envuelto en papel blanco con libélulas verdes y azules en tono pastel. Lo toqué, estaba blandito. Con nervios, y lo más despacio posible, quité la cinta adhesiva para guardar el papel de regalo que me había enamorado. Pirulo siempre tan detallista. Cuando ya las había quitado todas, por fin lo abrí. Me había regalado el mismo antifaz de unicornio que usaba él por las noches. Lo abracé contra mi pecho. Me encantó.

—¡Se ha acordado! Es un amor.

—¿Un antifaz de unicornio? —me preguntó sorprendido.

—Ya te contaré el motivo de este regalo. Pero ahora, sigue contándome.

Lo guardé con delicadeza en la bolsa junto con el papel de regalo, doblado minuciosamente. No lo volví a meter en la mochila. Decidí quedármelo conmigo. David se convirtió en una persona muy especial para mí, y jamás lo olvidaría.

Matt sonrió. Me miró con cariño y me dijo:

—Eres un cielo, ¿lo sabías?

—Lo sé —respondí con ojitos tiernos.

Nos besamos y retomamos la conversación.

—Mi relación con Kenny acabó, era una muerte anunciada. Resultó ser él el que me robó el dinero del viaje de fin de curso. —Mi gesto habló por sí solo. No tuve que mencionar ni una sola palabra—. Antes de que me digas nada, lo sé. Tenías razón, pero no lo vi. Tuve que golpearme contra el muro para verlo.

—Era predecible. Siempre vi algo raro en él. Pero me alegro que fueras tú el que lo vieras. No pienso decir nada más de este tema.

Con mi mano, hice una cremallera en mi boca, la cerré con llave y la tiré. Matt se reía.

—Me encanta tu espontaneidad.

—Y a mí que te guste.

Me pidió que me acercara, y yo le hice caso. Cuando lo tenía tan cerca que nuestras respiraciones se mezclaban entre sí, me dio un beso.

—Tengo unas ganas locas de estar a solas contigo para hacértelo lento, muy lento, y disfrutar cada segundo de tu piel —me susurró al oído.

—Calla, nos van a oír. —Volvió a salir mi vergüenza a escena.

—Prometo llevarte al cielo. —Matt continuaba, excitado.

—Veo que alguien más está sintiendo tus palabras —dije, señalando su entrepierna tras ver que algo ahí dentro cobraba vida.

—Vale. Mejor lo dejamos aquí, o vamos a tener que meternos en el baño del avión.

Cogió la mochila y se la puso encima de las piernas para disimular.

—Tengo curiosidad. —Cambié de tema para enfriar la situación que iba cogiendo temperatura.

—Dispara.

—¿Cómo contactaste con Chencha en Londres? —La curiosidad me podía.

—Sencillo. ¿Recuerdas cuando fui a verte al hospital y tu hermano me echó de la habitación? Al salir, me crucé con ella y me contó que se había enterado de lo de mi padre y lo del dinero que me habían robado.

—Así es Lucas. —Pensé que lo había dicho en voz baja, pero no, lo dije gritando. Ese efecto es el que producía mi hermano en mí. Me enorgullecía decirlo.

—¡Chist! —Matt se llevó un dedo a la boca para que bajara el tono—. No lo culpo. Eres su hermana, lo estabas pasando mal y él tenía que protegerte. Normal.

—El pobre lo pasó mal al verme sufrir tanto.

—Lo sé, dejo de justificar a todo el mundo. Pero soy su hermana y ese es el efecto que causo en la gente.

—¿Sí? Ven aquí, cazacorazones, y bésame.

Le di un beso, dos y tres. Todos los que me pidiera se los daría.

—¿Cómo encajó todo? Me tienes en vilo.

—¿Te acuerdas de Rubén? Mi amigo Rubén. —Esperó a que hiciera algún gesto o contestara que sí.

—Sí, me acuerdo de él de cuando fuimos al cine, creo recordar.

—Pues Rubén es amigo de Chencha, y le contó lo que había ocurrido. Una cosa llevó a la otra, y nos puso en contacto para ayudarte.

—Esta Chencha está muy pero que muy loca —dije, sorprendida.

—Gracias a esa loca estamos juntos tú y yo —me recordó Matt.

—Cierto. Es la mejor amiga que puedo tener.

El resto del camino a casa lo pasamos abrazados mientras descansábamos. Este viaje llegaba a su fin, y con un final de lo más feliz que jamás hubiera imaginado.

Epílogo

Jerez, dos años después.

—Apúrate, que vamos a llegar tarde. —Notaba a Matt muy nervioso. Su voz lo delataba.

—Ya voy, ya sabes que andar por las calles de Jerez con tacones es un calvario —manifesté a la vez que señalaba mis pies.

Me había puesto unos botines nuevos de tacón que me había regalado mi abuelo por mi veinte cumpleaños. Matt me había anunciado desde hacía un mes que el día de mi cumpleaños me llevaría a cenar a un restaurante asiático que habían abierto en el centro de la ciudad. Como sabía que me gustaba probar todo tipo de platos exóticos, allí me llevaba.

—¿Te he dicho esta noche lo guapísima que estás? —se insinuó acercándose a mí.

—Creo que solo unas tres veces en los últimos diez minutos —respondí, sonriente.

—¿Y lo bien que hueles? —continuó con ganas de juego.

—Esa es la primera vez de la noche. —Mi sonrisa se ensanchaba cada vez más. Ya sabía lo que buscaba. Era todo un zalamero.

—Me pones a mil con esos vaqueros ajustados —me confesó en el oído y me agarró el culo.

—Me encanta que te guste. Elijo mi ropa pensando en ti. —Le guiñé un ojo.

—Tengo que confesarte una cosa muy importante —me soltó mientras me mordisqueaba el cuello.

—Por favor, dime esa cosa tan importante, o no podré disfrutar de mi velada romántica —le supliqué, juguetona.

—Me enamoré de ti por tu culo. Me vuelve loco. —Sus besos iban en aumento recorriendo mi cuello.

—¿Mi culo? ¡Qué romántico! —me mofé.

—Sí, tu culo. Después te conocí y me encantó todo de ti. Pero no puedo evitar estar perdidamente enamorado de tu precioso culito —confesó.

—¿Quieres dejar de manosearme el culo? Vamos a llegar tarde a la cena —le rogué, mientras le quitaba sus manazas de mi trasero y tiré de él en dirección al restaurante.

Llegamos a un restaurante poco común en la ciudad. Debido al alboroto que ocasionó, todo el mundo quería venir a probar sus exquisitos platos. Matt se encargó de reservar para que el día de mi cumpleaños pudiéramos venir.

La puerta de cristales tenía una cortina de terciopelo negro por detrás, que impedía ver el interior. Se escuchaba mucho murmullo y salía una mezcla de olor a albahaca, curry, cilantro, lima y también a hierbabuena. El olor era maravillo. Me excitaba hacer cosas nuevas, viajar, tener aventuras, probar platos exóticos, conocer otras culturas. Y gracias a Matt, hacía muchas de ellas.

Una chica asiática nos abrió la puerta y retiró la cortina.

Mi sorpresa fue enorme al encontrarme allí a todos: mi familia, amigos, Chencha, Pirulo, ¡hasta mi abuelo había venido! Me emocioné tanto que me puse a llorar.

—Feliz cumpleaños, amor. Disfruta de tu sorpresa —me dijo Matt al oído mientras intentaba limpiarme las lágrimas.

—¡Qué bonito, Matt! Me encanta.

—Entra y disfruta de todos ellos. Están aquí por ti.

Me besó con amor y escuchamos de fondo un «¡*Oooh!*» que nos hizo parar nuestro beso y comenzar a reírnos ruborizados.

Me acerqué a mis padres, a mi hermano y al abuelo Juan. Junto a ellos, estaba Manuel, el padre de Matt. Desde que Matt y él retomaron su relación, todo les iba sobre ruedas. Su madre, en cambio, decidió poner tierra de por medio y mudarse a Florencia. Allí tenía familia que la ayudaría a asentarse en esa ciudad. Aceptó lo mal que se había portado con Matt y su hermano y todo lo que le hizo pasar a su padre. Zanjó el tema poniendo distancia entre ellos. Su hermano Teo no quiso conocer a su padre y prefirió creer las mentiras de su madre. Los hermanos se distanciaron un poco, y solo se carteaban de vez en cuando. La única persona que siempre estaba ahí para Matt era su abuela Leire.

Mientras saludaba a la familia, noté unos golpecitos en el hombro. Al darme la vuelta, ahí estaba mi Pirulo.

—¡David! ¡Qué alegría verte! —Lo abracé con ganas. Lo había echado de menos.

—Veo que el americano te cuida bien —me dijo con agrado. Asentí, tenía razón. Matt me trataba como a una reina.

—Y yo veo que tus ojos marrones tienen un brillo fuera de lo común. Es más, me atrevería a decir que tienen ese brillo que solo les sale a las personas enamoradas.

—Tía, ¡cómo me conoces! —Con esas palabras, confirmó mi sospecha.

Comencé a dar saltos y a tocar las palmas, emocionada. Pirulo por fin estaba enamorado.

—¿Está aquí? ¿Puedo conocerla? —pregunté, intrigada.

—No, lo siento. No ha podido venir. Pero en Navidad, si todo sale bien, la conocerás. Tenemos previsto venir a Jerez por esas fechas para que conozca a la familia.

—¡Ay, que esto va en serio! ¡Cuánto me alegro!

—A ver, pongamos toda la carne en el asador, a ver si no se quema —me dijo con su guasa jerezana tan habitual en él.

—No seas pesimista, Pirulo mío, que nos conocemos —le advertí.

—¡Aquí está la cumpleañera! Veinte añitos ya. Y pensar que nos conocimos de pequeñitas cuando no llegábamos ni al medio metro… —dijo Chencha, emocionada, y comenzó a lloriquear.

—Ven aquí y dame un abrazo —le reclamé con los brazos abiertos.

—Chica, estás guapísima. Vaya cuerpazo te hacen esos tacones. —Me miró mientras me hacía girar sobre mí misma.

—Gracias, amiga. Tú me miras con buenos ojos —le dije, sonrosada.

—¡Oye! Ese chico tiene que ser un máquina en la cama. Solo hay que verlo —me dijo Chencha mientras observaba en la distancia a Matt hablar con su padre.

—Si te digo la verdad, me vas a envidiar —bromeé.

—Ya te envidio, hija de la gran China. —Se tapó la boca al darse cuenta que estábamos en un asiático.

—Te confieso que la cama con él es como un parque de atracciones. Nunca te aburres.

Las dos nos reíamos con ganas. Teníamos esa confianza para hablar de todos los temas, sin tabú.

—Chicas, no quiero interrumpir. —Matt me abrazó por detrás—. Huele que alimenta y tengo mucha hambre. ¿Qué os parece si comemos? El chef nos espera.

—Buena idea. Toda esta emoción me ha dado hambre.

Matt y yo nos cogimos de la mano y nos acercamos a nuestra mesa. Mi chico y yo nos besamos. Me sentí muy feliz por haberlo conocido y dejarlo formar parte de mi alocada existencia. Me enseñó que una segunda oportunidad puede ser mejor que la primera, que juntos somos invencibles afrontando los problemas de la vida y que el amor verdadero significa crecer juntos ante las dificultades. Podría asegurar que conocí al amor de mi vida y no lo dejaría escapar jamás. Matt siempre fue, es y será todo para mí. Esta historia siempre tendrá un final feliz, porque el verdadero amor nunca termina.

Fin

Agradecimientos

Quiero agradecer, en primer lugar, al amor de mi vida. Por estar ahí, por haber creído siempre en mí, por ver lo que yo no fui capaz de ver, por hacerme prometerle esa noche de verano que sería valiente para adentrarme en el mundo que adoro desde pequeña que es la escritura. Gracias por ser tú. Sin ti, nada de esto habría sido posible. Gracias por dar sentido a esta locura de escribir.

A mis hijos, el motor de mi vida. Cada uno, a su manera, me ha apoyado a seguir adelante y no rendirme. Y por supuesto, a mi familia, gracias por apoyarme incondicionalmente y sentir como propias mis alegrías.

A mis amigos, a los que ya estaban y a los que este año se han sumado. Gracias, gracias y gracias. Sin saberlo, también os lleváis un pedacito de esta novela.

A mis lectoras cero: Nerea, por disfrutar cada palabra y transmitirme tu entusiasmo e ilusión al leer la historia; Andrea, mi querida hija, por hacerme disfrutar con ella cuando la escuchaba hablar sola mientras leía la historia, sus gritos de asombro, sus risas y todas las emociones que le transmitió al leerla, y no le tembló la mano en ningún momento al corregirla. Te adoro.

Quiero agradecer especialmente a Anna Bissette, mi correctora. La conocí por casualidad y el destino me ayudó a que se convirtiera en la mejor decisión. Mi novela no ha podido estar en mejores manos que en las de mi encantadora amiga.

Gracias a Rachel y a Lucía por hacer que mis ideas tomaran forma con sus ilustraciones.

Quiero aprovechar para agradecer a todos quienes, ya seáis boosktagrammer, bloggers, youtuvers, lectores digitales o de toda la vida de papel, por hacer tanto bien a la lectura disfrutándola y compartiéndola con el resto del mundo. ¡¡Muchísimas gracias!!

Por último, a ti. Que has decidido elegir mi novela entre muchas otras para leerla y disfrutar con ella. ¡¡Gracias!!